MARKET LEADER
THROUGH
SERVICE EXCELLENCE

World-Class Approaches to Managing Excellent Services

通过优质服务引领市场

管理高品质服务的世界一流方法

[德] 马蒂亚斯·古泰尔（Matthias Gouthier） 编著

曹俐莉 郑娟尔 周幸窈 译

中国财经出版传媒集团

经济科学出版社
Economic Science Press

·北 京·

图字号：01 - 2024 - 5107

Originally published in English by Nomos Verlagsgesellschaft
Copyright © Nomos Verlagsgesellschaft, Baden - Baden, Germany 2023

图书在版编目（CIP）数据

通过优质服务引领市场 ：管理高品质服务的世界一
流方法 ／（德）马蒂亚斯·古泰尔（Matthias Gouthier）
编著；曹俐莉，郑娟尔，周幸窈译 . — 北京：经济科
学出版社，2024. 10. -- ISBN 978-7-5218-6424-3

Ⅰ . F719

中国国家版本馆 CIP 数据核字第 2024Z2L311 号

责任编辑：孙怡虹　魏　岚
责任校对：王肖楠
责任印制：张佳裕

通过优质服务引领市场
——管理高品质服务的世界一流方法
TONGGUO YOUZHI FUWU YINLING SHICHANG
——GUANLI GAOPINZHI FUWU DE SHIJIE YILIU FANGFA
〔德〕马蒂亚斯·古泰尔（Matthias Gouthier） 编著
曹俐莉　郑娟尔　周幸窈　译
经济科学出版社出版、发行　新华书店经销
社址：北京市海淀区阜成路甲 28 号　邮编：100142
总编部电话：010 - 88191217　发行部电话：010 - 88191522
网址：www. esp. com. cn
电子邮箱：esp@ esp. com. cn
天猫网店：经济科学出版社旗舰店
网址：http://jjkxcbs. tmall. com
北京季蜂印刷有限公司印装
710 × 1000　16 开　12. 25 印张　213000 字
2024 年 10 月第 1 版　2024 年 10 月第 1 次印刷
ISBN 978 - 7 - 5218 - 6424 - 3　定价：88. 00 元
（图书出现印装问题，本社负责调换。电话：010 - 88191545）
（版权所有　侵权必究　打击盗版　举报热线：010 - 88191661
QQ：2242791300　营销中心电话：010 - 88191537
电子邮箱：dbts@ esp. com. cn）

序

优质服务：一种跨行业的态度，对于患者来说也许同样有益！
卡斯腾·K.拉特（Carsten K. Rath）

你还记得上一次极致的服务体验吗？希望你能够记得，因为这意味着你对一项服务，或者更甚，对执行这项服务的人和背后的流程所展现的热情态度感到特别的惊喜。作为一名服务领域的专家和经常光顾世界各地独特酒店和度假村的客人，我体验过各种形式的服务，从宏伟的规模到细致入微的差异，我能区分出真正的优质与标准化流程之间的差别。要让我真正对服务刮目相看确实具有挑战性，然而在酒店行业中，多元化的团队一次又一次成功地做到了这一点。

当然，我仍然清楚地记得我上次的服务体验：那是2021年的一个假日。由于新型冠状病毒感染疫情（以下简称"新冠疫情"），德国的酒店仍然大部分关闭，而我却在瑞士再次感受到了个性化的热情款待。我坐在巴德拉加兹大庄园（Grand Resort Bad Ragaz）——它可能是阿尔卑斯山最好的度假胜地之一——写下了本文的初步想法，并且在有些心不在焉的状态下点了早餐。我点的早餐很平常，包括一杯新泡的朗菲德茶（Ronnefeldt）①和一个水煮蛋，这并没有什么特别。但当这份早餐被端到我的桌子上时，它是如此整齐。蛋被整齐、几乎对称地切开，然后又小心翼翼地合上，这样我就不必自己敲破它并吃到半个凹陷的蛋。这是一个小而美好的细节，让我像一个饥饿的客人一样兴奋，甚至促使我在此将其作为正面案例来提及。

---

① 译者注：Ronnefeldt是一家享有盛誉的德国茶叶品牌。它们以提供高质量的茶叶和茶具而闻名，追求卓越的饮茶体验。

巴德拉加兹大庄园度假胜地的其他早餐也让我愉悦不已，即使还未了解度假胜地的真正优势，它也给我的一天带来了甜蜜。我通常只在德国101家最佳酒店网（www.die‐101‐besten.com）找到这样细致入微的服务。无论如何，巴德拉加兹大庄园度假胜地在新版酒店排行榜中与最佳的101家豪华酒店为邻。这些美妙的细微差别在各个流程中都能明显感受到，并最终对客人产生正向的影响。

25年来，我一直热衷于优质服务。根据我作为旅行者和管理顾问的经验，我知道人际关系和每天采取的服务态度是持续成功的公司与持续平庸的公司之间的区别所在。这在所有行业中都无一例外，并且变得越来越重要。自2020年以来，全球经济一直受到新冠疫情的影响。创新或新想法似乎已退居二线，一切以健康、医疗技术和效率为重。但在涉及敏感而复杂的健康问题时，人的因素才是唯一真正重要的因素，因为只有内在健康才能在外部焕发活力。

在酒店或度假胜地，高品质的服务始于客人入住之前。这意味着需要提供超预期的服务，顾客和客人总是能得到比期望的更多。

海利斯（Helios）医院的团队在患者实际住院之前就开始提供医疗服务。自公司成立以来，他们将医疗护理与最高质量标准、广泛的预防措施以及对日常医院生活服务的深刻理解相结合。海利斯医院的团队所创立的项目"六位厨师，十二颗星"，将烹饪艺术列为海利斯医院的首要事项，与六位星级厨师一起，为病房设计了美味又健康的菜肴，并由霍夫曼菜单生产商（Hofmann Menue-Manufaktur）[①] 提供。自2020年以来，海利斯医院的团队将烹饪体验与通常比较痛苦的住院经历相结合，使患者在院期间尽可能愉快。这正是优质服务追求的目标：让顾客和患者的生活更加便利、愉快。您可以在本书中阅读关于该项目的详细背景和对未来海利斯医院日常生活的展望。

我希望你享受这一旅程！

---

① 译者注：Hofmann Menue-Manufaktur是一家位于德国的餐饮公司，专门提供高品质的餐饮服务。它们在酒店、餐馆和不同场合中供应各种美食，包括传统德国菜肴、国际美食、素食和特殊膳食。

前　言

"顾客服务是一个永久的建筑工地！"这可能是描述我个人近年来与各种服务提供商间经历的最佳方式。虽然公司通过诱人的广告承诺宣传他们的服务，但实际上，顾客往往会遇到完全相反的情况：有故障的服务、计费错误、没有回复等。在这种服务不足的市场上，通过提供高于平均水平的服务来实现差异化恰恰是最好的方式。然而，问题在于高品质的服务并不会自动产生，个体经营者、自由职业者和小微企业对于提供高于平均水平（即高品质）的服务要采取（或应该采取）什么措施有相对直观的感觉。相比之下，大中型企业，尤其是大型企业需要结构化的概念、措施和工具，以便能够成功地长期实施和践行优质服务的理念。特别是大型公司，它们有特定的方法。然而，为了将所有有意提供优质服务的公司整体提升到更高水平，需要一个通用的、跨行业的方法。因此，国际标准化组织（International Organization for Standardization，ISO）于 2018 年 3 月成立了 ISO/TC 312 优质服务标准化技术委员会，作者本人自那时起担任主席。2021 年 6 月，ISO 发布了首项全球通用的优质服务标准，即 ISO 23592：2021，对优质服务的原则和模型进行定义，这为计划实施或改进优质服务的公司提供了一份通用指南。然而，这样的标准无法提供具体详细的最佳实践以及它们在实践中的运作方式。

《通过优质服务引领市场——管理高品质服务的世界一流方法》致力于解决这一激动人心的问题，即优质服务如何在成功的公司中得以实施和实践。本书的结构基于新的 ISO 23592：2021 中所规定的优质服务模型，该模型确定了四个维度和九个要素，必须满足这些要素才算符合优质服务的整体要求。为此，来自各行各业经验丰富的专家展示了最佳实践、概念以及各种方法和工具，向读者展示了实施优质服务的成功方式。

本书英文版由诺莫斯出版社（Nomos Verlag）（www.nomos.de）以

"服务管理 | 服务营销"系列第8卷的形式出版，共包含14篇应用导向的文章。除了提供对优质服务概念更一般性的解释外，这些文章还专注于优质服务模型的四个维度。在介绍了基于 ISO 23592：2021 的优质服务的相关性和模型之后，本书对战略维度进行了深入探讨；在接下来的第二维度中，对员工和文化视角进行了更详细的审视；第三维度侧重于如何创建极致的顾客体验；第四维度则致力于运营优质服务。

首先，我想借此机会感谢我的研究助手诺拉·克思（Nora Kern）女士和卡里娜·内恩斯蒂尔（Carina Nennstiel）女士，本书在编纂过程中获得了她们积极支持。其次，我还要感谢 Nomos Verlag 的卡斯特·雷贝因（Carsten Rehbein）先生，他使得本书得以编辑成稿。最后，我要感谢 Nomos Verlag 出版了这本书的英文版。

本书的目标读者是高层决策者、专家和管理者，以及想要探索如何成功实施优质服务可靠建议、概念、行动建议和最佳实践的学者们。

现在，最重要的是，我希望你们喜欢阅读本书，并且能够从书中所呈现的各种最佳实践中获得最大的价值。

马蒂亚斯·古泰尔
2022 年 6 月于科布伦茨

译 者 序

服务业已成为我国国民经济的支柱产业。2023 年，服务业占国民经济的比重高达 54.6%，法人数量占比超过 70%。当前，服务业正呈现出品质化、数字化、绿色化、融合化的发展态势，其中品质化趋势尤为明显，市场竞争的焦点已从单一的价格竞争转向以质量和品牌为核心的综合实力的竞争。

中共中央、国务院在多个纲领性文件中均对优质服务工作提出了明确要求。无论是 2017 年下发的《中共中央 国务院关于开展质量提升行动的指导意见》，还是《中华人民共和国国民经济和社会发展第十四个五年规划和 2035 年远景目标纲要》都明确提出要围绕产业转型升级和居民消费升级的需求，大力提升服务效率和服务品质。《质量强国建设纲要》在第七条"增加优质服务供给"中更是明确指出要开展优质服务标准建设行动，健全服务质量标准体系，推行优质服务承诺、认证、标识制度，推动服务行业向诚信化、标准化、职业化发展，培育一批金牌服务市场主体和现代服务企业。

对企业而言，要想在这个服务至上的时代脱颖而出，就必须转型为能够持续提供高品质服务的组织。然而，如何构建这样的组织，并将服务做到极致，是众多企业面临的难题。在此背景下，我们非常荣幸地翻译了这本由德国科布伦茨大学的马蒂亚斯·古泰尔（Matthias Gouthier）教授主编、德国 Nomos 出版社出版的专著《通过优质服务引领市场——管理高品质服务的世界一流方法》。作者马蒂亚斯·古泰尔同时担任 ISO/TC 312 优质服务标准化技术委员会主席，长期深耕优质服务领域的研究，本书是其数十年研究的结晶。

从整体上看，本书为读者提供了一套全面且深入的优质服务管理理念与实践方法，对于追求优质服务的企业和个人而言，这是一本极具参考价值的学术著作。作者凭借其丰富的经验和独到的洞察力，指出了服务业中普遍存在的问题和面临的挑战。有些企业在营销时承诺提供高品质服务，然而在实际操作中却往往难以兑现；有些企业即便在短期内提供了高品质服务，但由于缺乏组织保障，服务创新难以为继，导致企业服务品牌的价值大幅降低。为了解决这一问题，作者提出了一种通过提供超越顾客预期的个性化服务、惊喜服务来实现差异化的战略路径和解决方案。要特别注意的是，优质服务并非是自然形成的，而是需要企业有针对性地对其进行规划、转型和持续监测。

本书的结构围绕 ISO 国际标准 ISO 23592：2021《优质服务 原则与模型》展开。我国已等同采标了该标准，即 2022 年发布的国家标准 GB/T 42185－2022《优质服务 原则与模型》。该标准界定了实现优质服务的四个维度以及九个要素。在本书中，作者采用理论分析与实践案例剖析相结合的方式，深入浅出地讲解了优质服务的核心理念和实践方法。马蒂亚斯·古泰尔教授邀请了来自不同行业的专家，分享他们在优质服务领域的最佳实践、创新理念以及各种实用工具和方法，旨在为读者提供具体而生动的优质服务先进经验做法，帮助企业打造优质服务型组织。

全书共分为 14 章。第 1 章为概述，包括引言和章节构成，帮助读者整体把握专著的内容框架。第 2 章和第 3 章同属于优质服务作为企业成功的要素。其中，第 2 章分析了优质服务与企业的相关性，指出了实施优质服务可能给企业带来的益处；而第 3 章则基于国际标准 ISO 23592：2021，为读者提供了一个标准化的优质服务模型框架。

从第 4 章到第 13 章，作者围绕优质服务的四大模块和九个要素，通过生动的案例进行了详细阐述。特别是在设计和更新极致的顾客体验方面，作者精心挑选了两个典型案例进行了深入剖析。

具体而言，第 4 章聚焦于优质服务的愿景、使命和战略，借助 WISAG 公司的实际案例，详细解析了如何将优质服务战略与企业的整体发展紧密结合。第 5 章则深入探讨了领导力和管理要求在优质服务中的关键作用，通过 TeamBank AG 的成功案例揭示了践行优质服务的核心秘诀。第 6 章聚焦优质服务文化，以圣莫里茨的卡尔顿酒店为例，详细阐述了如何打造充满活力的优质服务文化并使其长期稳定，发挥文化对提升企业竞争力、提高企业发展韧性的重大价值。第 7 章强调了员工参与在优质服务中的不可或缺性，并探讨了如何通过混合式学习有效提升员工的敬业度和专业能力，从而更好地推动优质服务的实现。第 8 章详细讨论了深入理解顾客需求、期望和愿望的重要性，并引入了顾客体验管理的先进理念和实践建议。在第 9 章和第 10 章中，作者通过汉莎航空和海利斯医院美食服务的生动案例，展示了如何精心设计和不断更新极致的顾客体验，以满足消费者对高品质服务的迫切需求。第 11 章聚焦于服务创新管理的重要性，通过德国电信的最佳服务实践案例揭示了将普通顾客转化为忠实粉丝的秘诀。第 12 章深入探讨了管理与顾客体验相关的高效流程和组织结构的重要性，并通过布伦泰格的成功案例，详细分析了在 B2B 环境中如何实现优质服务。第 13 章则详细讨论了如何有效监测优质服务行为和结果的关键指标，通过 E. ON SE 的顾客体验案例，深入阐述了净推荐值在优质服务行为和结果监测中的应用方法和重要价值。

在本书的最后一章，作者对优质服务未来的发展趋势进行了前瞻性展望，系统地归纳了七个关键的发展方向，包括优质服务认证、优质服务测评（绩效）、优质服务实施、优质服务资格、内部优质服务管理、数字化优质服务以及特定行业优质服务的差异化。通过这些维度的深入剖析，作者为读者构建了一个关于优质服务未来发展的宏观理论框架，为相关领域的学术研究和实践创新提供了重要的参考依据。

在翻译这本书的过程中，我们被其内容的丰富性和实用性深深吸引。书中所包含的案例和实践经验，不仅为中国的服务行业从业者提供了宝贵的参考和启示，同时也激发了我们对于如何不断提升服务品质的思考和探索。"他山之石，可以攻玉"。我们深信本书的翻译出版，对于助推我国服务品质的提升具有重要的参考价值。

在此，我们向所有为本书的翻译和出版作出贡献的人们表示衷心感谢。本书获得了中国标准化研究院国际基金项目的支持。愿广大读者在阅读本书的过程中能够获得启发，共同推动中国服务业迈向更高质量的发展新阶段。

目　　录

第 1 章

概　　述

管理优质服务：引言和章节构成

马蒂亚斯·古泰尔（Matthias Gouthier）

【摘要】

本章是全书开篇，一方面，它描述了本书的起源，其最终由 ISO 23592：2021 的发展和出现塑造而成；另一方面，它概述了本书各篇文章的内容。由各个章节的作者提供的最佳实践可以为企业在实施优质服务九个要素方面提供实质性帮助。

1. 全球范围内的优质服务正在崛起

因新冠疫情的进一步加剧、价值链的转型以及行业边界的不断模糊，企业竞争压力正变得前所未有的激烈。顾客从未像今天这样严苛和随时准备更换供应商（Lesonsky，2019），对企业转型能力的要求也是前所未有的高。所有这些因素都有利于推动企业向优质服务转变。

经过超过 15 年对优质服务这个话题的深入研究，作者基于个人的经验，得出以下基本观点：

• "优质服务"这个术语越来越受欢迎，不仅是在德国，在全球范围内也是如此。相关的职位头衔，例如优质服务主管或优质服务总监，实际上也越来越常见。

• 亚洲地区尤其对优质服务的概念表现出浓厚的兴趣（Thirumaran et al.，2021）。此外，阿拉伯国家对通过推动优质服务来发展服务业的兴趣也在增长。例如，卡塔尔旅游局作为卡塔尔官方政府机构，负责发展和推广旅游业，其已经推出了一个优质服务计划，除了设有愿景和使命外，还包括八个不同的大型项目，以提高旅游服务的质量（Qatar Tourism，2021）。

• 经过多年来对优质服务概念内容的界定以及相应的优质服务模型的开发和在官方标准中的实施，优质服务的要素现在正从内容上进行区分，并且在相关方面，如度量和实施领域，正在进行更深入的探索（详见本书最后一章"展望：优质服务的新发展"）。

因此，优质服务不再是一个新奇的话题，实际上已经根深蒂固。2007年，输入"优质服务"一词进行谷歌搜索时，只检索到183万条纪录，而2021年9月，这一数字已经超过了1,200万条。然而，仍然不应该认为这是适合所有企业的话题，事实也永远不会如此。优质服务旨在使一家公司的服务在市场上排名前5%~10%。

因此，这个概念并不适用于每家公司。只有在顾客通过公司提供的高品质服务而获得出色的顾客体验并产生愉悦感的情况下，它才能以有意义的方式应用并对公司产生价值。这一步骤与在市场上的积极定位和竞争对手的差异化相辅相成（见图1-1）。同时，这需要公司对企业战略和优质服务战略进行适当调整。

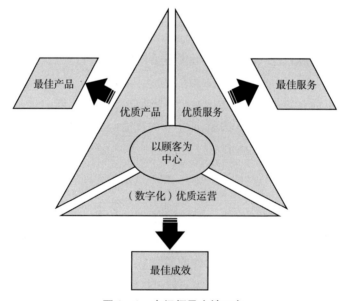

图1-1 市场领导力铁三角

2. 国际标准 ISO 23592：2021《优质服务 原则与模型》的历史

优质服务，并非是自动出现的，它需要长久且可持续的实施，在近年来的商界和学术界中"优质服务（service excelllence）"一词成为一个固定概念。这需要一个结构化的方法，并进行持续发展。然而，在过去，对于优质服务的确切含义以及如何系统地实施优质服务，人们的意见分歧很大。为此，由本书作者担任主席的 ISO/TC 312 技术委员会（https：//committee. iso. org/home/tc312）开发了一个国际标准，ISO 23592：2021，并于 2021 年夏季发布（Naden，2021）。然而，这个标准并不是凭空出现的，而是有着 11 年的悠久历史。当时，它的出发点主要基于两个问题，即：什么是优质服务，以及从业务角度来看，需要采取哪些措施来系统地、可持续地实施优质服务。第一个问题，什么是优质服务，乍一看可能觉得太琐碎，但事实恰恰相反。在学术界和商界，对优质服务的理解仍然存在很大差异，可以归结为以下六种（Giese，2016）：

（1）优质服务这个术语没有明确的定义，也没有隐含或明确的说明（Bitner，1997；Bates et al.，2003）。

（2）虽然没有明确的优质服务的定义，但提到了特定的公司及其服务（Ford et al.，2001；Heracleous & Wirtz，2010）。

（3）优质服务被理解为高服务质量的同义词（Wiertz et al.，2004；Yu et al.，2013；Zeithaml，2002）。

（4）优质服务提到了各种管理系统（Kumar et al.，2013；Voon et al.，2014）。

（5）存在一个明确的优质服务定义，但它本质上仍是概括性的（例如，Johnston，2004；Lytle et al.，1998；Prabhu & Robson，2000）。

（6）给出了明确的定义，将优质服务定义为公司的组织能力（Edvardsson & Enquist，2011；Asif & Gouthier，2014、2015；Gouthier et al.，2012；Khan & Matlay，2009）。

后一种理解构成了 ISO 23592：2021 中定义的基础。根据这一点，优质服务被理解为"组织可持续提供高品质服务的能力"（ISO 23592：2021）。优质服务的主要目标是持续提供高品质的服务，创造极致的顾客体验，这应能给顾客带来愉悦，并最终提高顾客忠诚度（Gouthier et al.，2012）。由于这些衍生目标主要涉及所谓的"软因素"，因此有必要对相关主题达成统一的理解和处理。服务组织可以通过调整其业务战略，为顾客提供高品质的服务而受益。因此，顾客和社会也可以从更高水平的服务中受益。

　　第二个关于"如何实施优质服务"的问题也长期没有得到回答（Gouthier et al.，2012）。ISO 23592：2021 的基本思想可以追溯到德国 DIN SPEC 77224：2011 规范，该规范于 2011 年发布（见图 1-2）。本书深信有必要生成一个标准化的优质服务模型，以供各种类型的组织使用，于是在 2010 年发起了倡议，以创建一个可实施并得到官方认可的标准。该标准旨在为公司实施优质服务提供宝贵指南。这项倡议涉及大约 20 家知名德国公司，得到了德国联邦经济事务和能源部（BMWi）的财政支持，并由德国标准化学会（DIN）进行协调。结果是产生了第一份关于"通过优质服务实现顾客满意"的官方标准，即 DIN SPEC 77224：2011。该标准至今仍然有效，在德国市场上得到广泛认可。DIN SPEC 77224：2011 的一个优点是其易于理解和透明的优质服务模型。

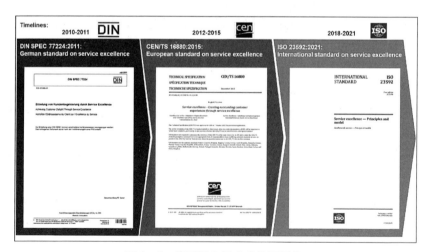

图 1-2　优质服务标准的发展历程

　　在 DIN SPEC 77224：2011 的研制过程中，德国工作组中的国际化公司表达了将这样一个高度相关和创新的话题提升到国际水平的愿望。因此，当 DIN SPEC 77224 研制结束时，德国工作组决定经过一段时间的试验后制定一项欧洲标准。因此，在本书作者的支持下，德国标准化学会（DIN）向欧洲标准化委员会（CEN）提交了一份项目提案，得到了其成员国的积极评价。之后，一个相应的项目委员会，即技术委员会 CEN/TC 420 "优质服务系统"，于 2012 年 10 月成立，由德国牵头主导。因此，DIN 接管了项目委员会的协调工作，并承担了秘书处的职能。本书作者以主席的身份领导了该项目委员会，同时也负责德国国内的对口单位管理。在近两年半的时间里，9 个欧洲成员国为制定这一标准作出了持续贡献。其结果是形成技术规范 CEN/TS 16880：2015 "优质服务——通过优质服务创造优质顾客体验"，该规范为公司提供了行动指南和帮助。由于 DIN SPEC 77224：2011 和 CEN/TS 16880：2015 都是技术规范，因此它们可以在市场上同时存在。由于该主题与全球所有类型的服务组织密切相关，而且提供优质服务是一项全球挑战，可以为所有利益相关者带来巨大利益，因此欧洲标准也只是在全球 ISO 标准意义上成为全球标准过程中的一个中转站。2016 年底，我们初步考虑向国际标准化组织（ISO）申请成立一个新的技术委员会，负责制定优质服务领域的标准。该申请于 2017 年提交，并于当年夏季在成员国之间进行了投票，21 票赞成，6 票反对，9 票弃权，该项目获得通过。该委员会于 2018 年 3 月开始工作，并在德国柏林的德国标准化学会（DIN）举行了第一次会议。委员会由 "P 成员" 和 "O 成员" 组成。"P 成员"（participation members）是积极参与标准制定并有权作出决定的成员方。"O 成员"（observation members）也可以积极参与标准制定讨论，但无投票权。目前，该机构由 17 个 "P 成员" 和 18 个 "O 成员" 组成，因此，有 35 个成员方参与制定标准。[①] 负责制定该标准的 ISO/TC 312/WG 1 工作组遵循的指导原则是：一方面，更新欧洲标准 CEN/TS 16880：2015 的内容；另一方面，尽可能简化模型。特别是关于顾客体验管理、服务设计（思维）和数字化的新发现被纳入了修订后的文

————————

　　① 有关 ISO/TC 312 工作的更多信息，请访问其官方网站：https：//committee. iso. org/home/ tc312。

件。经过三年多的工作，两个工作组发布了前两项标准：ISO 23592：2021
《优质服务 原则与模型》和技术规范 ISO/TS 24082：2021《优质服务 设
计高品质服务以实现极致顾客体验》，该标准专门用于高品质服务的设计。
这两个标准都针对所有提供服务的组织，如商业组织、公共服务和非营利
组织。在完成这两项标准的研制并发布后，委员会目前正专注于制定衡量
优质服务绩效的国际标准（ISO/TS 23686"优质服务 测评优质服务"）以
及分析优质服务最佳实践的用例。后者将以技术报告 ISO/TR 7179《优质
服务 实现优质服务的实践》中。[①] 关于 ISO/TC 312 当前和未来工作的更
多信息，请参阅本书最后一章"展望：优质服务的新发展"。

3. 章节构成概述

提供高品质的服务意味着提供明显高于平均水平的服务。因此，优质
服务并不被视为适用于大众市场的概念，它的目标是将一家公司推向市场
上在服务方面排名 5% ~ 10% 的位置。因此，从长期来看，单独调整一些
细节是不够的；公司必须全面朝着优质服务的方向发展。尽管在领先的服
务企业中，优质服务的重要性已经被认可和确立，但在许多服务行业，对
于如何定义和塑造这些"软性"因素仍缺乏基本认知。因此，本书介绍了
来自各个行业的概念、方法、行动建议和最佳实践，以阐述如何成功地实
施优质服务。

本书在开篇介绍了主题和内容后，由马蒂亚斯·古泰尔（Matthias
Gouthier）教授撰写的前两章仔细研究了优质服务作为企业成功因素的概
念。第 2 章题为《优质服务的相关性和益处》，描述了这一概念的各种益
处。还讨论了优质服务的一般相关性。第 3 章题为《基于 ISO 23592：
2021 的优质服务概念》，重点介绍了 ISO 23592：2021《优质服务 原则与
模型》的核心内容。总体而言，优质服务模型由四个维度和九个要素组
成。该结构为后续的各位专家所撰写的来自实践的章节内容奠定了基础。

---

① 译者注：2022 年 10 月，ISO/TS 23686 发布实施。2023 年 10 月 31 日，ISO/TR 7179《优
质服务 实现优质服务的实践》发布。

即使对优质服务模式只进行简要了解，也会发现该模式侧重于持续性地实现顾客愉悦。为实现这一目标，优质服务模式定义了四个维度：第一个维度包括"优质服务的领导力和战略"。因此，必须定义相应的"优质服务愿景、使命和战略"，并且必须满足各种"领导力和管理要求"。因此，迈克尔·莫里茨（Michael Moritz）的文章《WISAG 的优质服务的战略锚定》探讨了设施管理公司优质服务概念的战略锚定，此时，它强调了实施合适方法的硬性和软性因素，并更加详细地讨论了为什么"关系、（员工）投入和愉悦"对成功至关重要。克里斯蒂安·波伦茨（Christian Polenz）和萨宾·伯恩森（Sabine Börnsen）随后回答了两个问题，即公司管理层在优质服务方面扮演什么角色，以及需要满足哪些管理要求。他们的文章题为《践行优质服务：TeamBank AG 成功的秘诀》，其中他们提出了在以顾客为中心的管理理念中建立正确心态的最佳实践方法。该章还讨论了以净推荐值（NPS）等形式对顾客和服务导向进行经济评估的必要性。

除了战略定位之外，想要实施优质服务的公司还必须关注第二个维度，即"优质服务文化和员工投入"。菲利普·D. 克拉朗瓦尔（Philippe D. Clarinval）在他的文章《酒店业的一大亮点：打造充满活力的优质服务文化并使其长期稳定》中非常清楚地描述了如何在一家公司中可持续地建立起优质服务文化。为此，作者概述了优质服务对酒店业的价值，并全面描述了管理者在改善顾客体验中的重要性。随后，马蒂亚斯·古泰尔教授和马蒂亚斯·拉奎特（Matthias Raquet）在他们的文章《员工敬业度需要动机和资质：使用混合式学习来实现优质服务》中解释了如何通过混合式学习来增加员工参与度。在这个背景下，他们介绍了专门为此而设立的"优质服务学院"，并描述了作为混合式学习组成部分的在线学习是如何促进优质服务的建立和实施的。

为了满足顾客的期望并系统性地超越它们，从而让顾客感到愉悦，必须持续创造出极致的顾客体验，这是优质服务模型的第三个维度。因此，理解顾客的需求、期望和愿望在优质服务中起着至关重要的作用。仅仅关注基本服务，如火车旅行等实际核心服务的承诺，是远远不够的。相反，必须将所有顾客与公司之间存在互动的接触点（"服务触点"）纳入评估范围。这一要求指的是分析顾客的旅程，即顾客与公司作为服务提供者所经历的整个服务旅程。

《顾客体验管理：顾客体验领导者的见解和建议》分别关注朱莉安娜·克宁格（Juliane Köninger）和马蒂亚斯·古泰尔教授的观察结果。他们从一项定性的探索性最佳实践研究中报告了关键发现，该章节识别并解释了创造极致顾客体验的具体成功因素；此外，设计和更新极致的顾客体验也至关重要，这是优质服务模型的另一个要素。在文章《航空服务4.0：数字化服务如何改善旅行体验》中，比约恩·贝克尔（Björn Becker）博士报告了数字化服务如何确保这样的服务体验，他将重点放在航空业上，该行业主要以自动化、标准化和高价格压力为特点。在该章中，作者描述了汉莎集团如何通过以顾客和服务为导向的方式，基于各种数字化服务，在竞争激烈的环境中成功定位自己。此外，卡斯腾·K. 拉特（Carsten K. Rath）和恩里科·延施（Enrico Jensch）在他们的文章《美味缔造健康未来！海利斯医院将品质美食作为一种创新的顾客体验》中展示了他们如何实施令人惊喜的顾客体验，即使在像医院这样特定的行业中也能如此。在新冠疫情大流行期间，健康问题尤其重要。因此，作者提请注意以顾客为中心的一个基本部分，将他们的优质烹饪项目作为海利斯医院的独特卖点。由于必须唤起顾客愉悦感，因此，公司的创新能力是一个关键的成功因素。由于不仅要满足顾客的期望，还要系统地超越顾客期望，进而取悦顾客，因此，必须建立一种"服务创新管理"的形式。费里·阿波尔哈桑（Ferri Abolhassan）博士在他的文章《德国电信的最佳服务实践——重塑服务：如何将顾客变成粉丝》中展示了如何在大众市场实现这一目标。德国电信服务部门的总经理成功地呈现了一种"重塑"的顾客服务，遵循了"从第一天开始"的心态，注重更多的顾客亲密度和更高的专业性。

第四个维度，优质服务运营（operational service excellence）则涉及操作层面（仅作简短备注：这个术语不应与运营优质 operational excellence 相混淆；详见 Found et al., 2018）。在这里，必须确保"管理与顾客体验相关的高效流程和组织结构"以及"监测优质服务的行为和结果"。本书中的随后两篇文章深入探讨了领先公司如何具体处理这些问题，涵盖了面向消费者的"to C"业务和面向企业的"to B"业务的最佳实践。斯文娅·丹尼尔（Svenja Daniel）更详细地探讨了"B2B、B2C还是 H2H？以布伦泰格为成功案例来谈 B2B 环境中的优质服务"。在相对分散的化学产品分销市场环境中，她提出了一种管理顾客期望的具体方法，描述了为什么反馈是成功的关键，以及如何利用调查工具实现持续改进过程。克里斯蒂娜·罗迪格（Kristina Rodig）博士和克里斯托弗·J. 拉斯汀（Christopher J. Rastin）写了一篇题为《E. ON SE 顾客体验中的优质服务：净推荐值的作用与应用》的文章。在这篇文章中，他们解释了净推荐值（net promoter score，NPS）在企业环境中的具体应用。深入的顾客洞察满足了明确可衡量性的需求，并支持公司的品牌和营销传播。

最后一篇文章由马蒂亚斯·古泰尔教授撰写。在文章《展望：优质服务的新发展》中，他探讨了国际层面关于优质服务的七个发展趋势，这些发展趋势将在未来几年中引起关注。

4. 结论

本书致力于探讨一个激动人心且高度相关的问题，即优秀公司如何实施和践行优质服务。该书的结构基于优质服务在新的 ISO 标准 23592：2021 中的定义。书中使用的模型确定了四个维度、九个要素，以满足优质服务的整体要求。为此，来自各行业经验丰富的专家提供了最佳实践、概念以及各种方法和工具，向读者展示了成功实施优质服务的方式。

应该指出的是，没有一家公司能够满足优质服务的全部理念。当一家公司涉足优质服务话题时，也不能声称全都符合。然而，公司也不能从一次性的冲动开始，比如为期一天的员工研讨会，尽管这是必需的。实施优质服务需要对人员、基础设施和研究进行投资。优质服务的实施和可持续地实现是一个艰巨而漫长的过程，通常应该设计为一年半至三年，以为优质服务奠定坚实的基础。因此，建立优质服务更像是一场马拉松，比百米赛跑更难。然而，建立过程可以以小而连续的阶段进行。公司优质服务的概念必须随着时间的推移而不断推进，因为"停滞不前就是后退"，特别是每家公司都必须找到自己的方法，成功地启动并可持续地实现这一实施过程。以下文章提供了结构化的信息，有价值的建议、经验和行动，以及为取得持久的成功而实施这种方法的最佳实践。

参 考 文 献

［1］ Asif, M. and Gouthier, M. H. J. (2014). What service excellence can learn from business excellence models, Total Quality Management & Business Excellence, 25 (5 – 6), Special Issue on "Excellence Models, TQM, and Performance", pp. 511 – 531.

［2］ Asif, M. and Gouthier, M. H. J. (2015). Developing a self-diagnostic framework for assessing service excellence, International Journal of Services and Operations Management, 20 (4), pp. 441 – 460.

［3］ Bates, K. , Bates, H. and Johnston, R. (2003). Linking service to profit: The business case for service excellence, International Journal of Service Industry Management, 14 (2), pp. 173 – 183.

［4］ Bitner, M. J. (1997). Introduction to the second special issue services marketing: Perspectives on service excellence, Journal of Retailing, 73 (3), pp. 299 – 301.

［5］ DIN SPEC 77224: 2011 – 07 (2011). Achieving customer delight through service excellence, Berlin.

［6］ Edvardsson, B. and Enquist, B. (2011). The service excellence and innovation model: Lessons from IKEA and other service frontiers, Total Quality Management & Business Excellence, 22 (5), pp. 535 – 551.

［7］ Ford, R. C. , Heaton, H. P. and Brown, S. (2001). Delivering excellent service: Lessons from the best firms, California Management Review, 44 (1), pp. 39 – 57.

［8］ Found, P. , Lahy, A. , Williams, S. , Hu, Q. and Mason, R. (2018). Towards a theory of operational excellence, Total Quality Management & Business Excellence, 29 (9 – 10), pp. 1012 – 1024.

［9］ Giese, A. (2016). Delighted and satisfied customers through service excellence, dissertation, EBS Business School, Wiesbaden/Oestrich – Winkel.

［10］ Gouthier, M. H. J. , Giese, A. and Bartl, C. (2012). Service excellence models: A critical discussion and comparison, Managing Service Quality, 22 (5), pp. 447 – 464.

［11］ Heracleous, L. and Wirtz, J. （2010）. The Globe：Singapore airlines' balancing act, Harvard Business Review, August pp. 1 – 11.

［12］ ISO/AWI TR 7179 （2022）. Service excellence：Practices for achieving service excellence, Geneva.

［13］ ISO/TS 23686：2022 （2022）. Service excellence：Measuring service excellence performance, Geneva.

［14］ ISO 23592：2021 （2021）. Service excellence：Principles and model, Geneva.

［15］ Johnston, R. （2004）. Towards a better understanding of service excellence, Managing Service Quality, 14 （2/3）, pp. 129 – 133.

［16］ Khan, H. and Matlay, H. （2009）. Implementing service excellence in higher education, Education + Training, 51 （8/9）, pp. 769 – 780.

［17］ Kumar, S., Choe, D. and Venkataramani, S. （2013）. Achieving customer service excellence using lean pull replenishment, International Journal of Productivity and Performance Management, 62 （1）, pp. 85 – 109.

［18］ Lesonsky, R. （2019）. Customer service expectations are rising—Is your business keepingup?, Forbes, https：//www. forbes. com/sites/allbusiness/2019/04/10/customer-service-expectations/? sh = 1326926d14e5, accessed 12/30/2021.

［19］ Lytle, R. S., Hom, P. W. and Mokwa, M. P. （1998）. SERV ∗ OR：A managerial measure of organizational service-orientation, Journal of Retailing, 74 （4）, pp. 455 – 489.

［20］ Naden, C. （2021）. Excellence in customer service – New international guidance makes everyone a winner, https：//www. iso. org/news/ref2702. html, accessed 12/29/2021.

［21］ Prabhu, V. B. and Robson, A. （2000）. Achieving service excellence – Measuring the impact of leadership and senior management commitment, Managing Service Quality, 10 （5）, pp. 307 – 317.

［22］ Qatar Tourism （2021）. Service excellence, https：//www. qatartourism. com/en/industry-resources/service-excellence, accessed 05/09/2021.

［23］ Thirumaran, K., Klimkeit, D. and Tang, C. M. et al. （2021）.

Service excellence in tourism and hospitality-Insights from Asia, Cham, Switzerland.

[24] Voon, B. H. , Abdullah, F. , Lee, N. and Kueh, K. (2014). Developing aHospiSE scale for hospital service excellence, International Journal of Quality & Reliability Management, 31 (3), pp. 261 – 280.

[25] Wiertz, C. , de Ruyter, K. , Keen, C. and Streukens, S. (2004). Cooperating for service excellence in multichannel service systems: An empirical assessment, Journal of Business Research, 57 (4), pp. 424 – 436.

[26] Yu, T. , Patterson, P. G. and de Ruyter, K. (2013). Achieving service-sales ambidexterity, Journal of Service Research, 16 (1), pp. 52 – 66.

[27] Zeithaml, V. A. (2002). Service excellence in electronic channels, Managing Service Quality, 12 (3), pp. 135 – 139.

第 2 章

优质服务作为企业成功的要素

优质服务的相关性和益处

马蒂亚斯·古泰尔（Matthias Gouthier）

【摘要】

优质服务在国际上越来越受到重视。本章展示了优质服务的一般意义以及采用该方法给企业带来的好处。它特别关注企业在处理 ISO 23592 标准时所带来的益处。

1. 优质服务的相关性

为解释优质服务的相关性，必须先将该术语分解为两个部分，并强调每个部分的相关性。因此，首先将详细讨论服务和服务行业的相关性。

根据世界银行（2022）的数据，服务业占发达国家国内生产总值（GDP）和就业的比重约为75%。即使在许多新兴经济体中，服务业也占到50%以上。根据西联公司（Western Union Company）于2020年进行的一项研究，全球68%的GDP来自服务行业，相当于约57.49万亿美元。此外，可以看出国际服务贸易也在稳步增长。例如，2018年，德国服务业在对外直接投资（FDI）中占比达596.7亿美元，几乎是2013年的四倍（OECD，2021）。

作为全球贸易中最具活力的部分，服务业的出口也是世界上增长最快的。2020年，服务业出口额达到6.04万亿美元，而服务进口额约为5.56万亿美元（Knoema，2021）。服务贸易涵盖了各种活动，即来自一个国家的人向来自另一个国家的人或公司提供服务。

总体而言，服务业就业是未来就业增长的主要推动力；2020年全球服务业创造了约162,220万个工作岗位（ILO，2020）。作为经济范畴中至关重要的行业，服务业创造了大约50.9%的就业机会（ILO，2020）。此外，服务业在全球国内生产总值中所占比重从1995年的51.8%增加到2019年的约64.3%（The World Bank，2022年）。

综上所述，目前可以说服务业在发达经济体中占据主导地位并将继续增长（Lambert，2016）。核心方面可总结如下：

- 服务业占最发达国家国内生产总值的3/4左右，占全球国内生产总值的2/3。
- 所有发达经济体都有一个重要的服务业部门。
- 新工作岗位都是在服务业创造的。
- 服务业被认为是发达经济体中最重要的增长领域。

而且根据各种研究预测，服务业在未来将持续积极发展（Western Union Company，2020）。这是由以下因素导致的（Wirtz & Lovelock，2018；Lambert，2016）：

- 监管发展，例如推进私有化，制定保护顾客、员工和环境的新规定。
- 社会发展，例如人口老龄化、财富增加以及对需求和期望的同时上升。
- 市场发展，例如行业边界的模糊化和对工业服务的关注增加。
- 技术发展，例如人工智能、机器学习、预测分析、物联网、区块链、基于位置的服务和SAAS服务。
- 全球化，例如服务业国际化程度的增加以及对服务业的外国直接投资的增加。

在发达经济体中，具有强大服务业部门和/或高比例服务出口的国家对其服务公司从平均水平提升到优秀水平表现出浓厚的兴趣。总体而言，服务业对于企业的增长和成功至关重要，并在不断增长的环境中提供新的市场机会。全球化进程促使全球的服务、服务行业和公司都存在提高市场竞争地位和建立长期顾客关系的需求。那些了解服务，特别是优质服务的人可以创造相应的竞争优势（Gouthier & Schmid，2003；Naden，2021）。这使得公司能够更好地应对全球服务市场的结构性变化。服务公司面临的最重大挑战之一是顾客要求、需求和期望的不断增长和持续变化。此外，由于社会和经济的全球化和数字化，以及可用产品和服务的日益多样化，如今的顾客拥有前所未有的选择自由。这反过来又导致了客户忠诚度的下降。因此，每次顾客的购买行为和每次与客户的联系都是一个关键时刻。因此，公司越来越注重优化服务触点，并寻找创新的、出色的服务解决方案，以创造令人难忘的顾客体验，让顾客满意。通过这种关注点的转变，创造极致顾客体验，实现顾客满意的目标，并为企业提供机会。这就要求提供超出顾客期望的高品质服务。高品质服务所带来的愉悦感可以强化顾客对服务提供商的忠诚度（Gouthier et al.，2012）。

然而，也存在不同的声音。例如，有学者（Dixon et al.，2010）假设公司应该解决顾客的问题，而不是毫无意义地取悦他们。从基本的观点来看，这也是正确的：如果顾客不满意甚至感到恼怒，则必须首先解决他们的问题。然而，总体而言，完全不考虑顾客的愉悦是不恰当的，这将使公司朝着完全错误的方向发展。最终，一家公司应该实施以下三个顾客管理活动：

（1）投诉管理：将不满意的顾客转化为满意的顾客；

（2）满意管理：确保正常的顾客接触点顺利进行，以达到（完全）满意的程度；

（3）愉悦管理：在关键时刻让顾客感到愉悦（"关键时刻，MOT"）。

"优质服务"一词中的"优质"也表明了这一点。根据一些学者（Martín – Castilla & Rodriguez – Ruiz，2008）的观点，在商业环境中，优质可以理解为"在组织管理和取得成果方面的杰出实践"。有学者（Hsu & Shen，2005）更明确地定义了优质的概念："优质是实现让组织的所有利益相关方（包括员工、顾客、供应商、整个社会以及与组织有财务利益的人）满意的结果。"这种理解与 ISO 23592：2021 中对服务的定义相一致。根据该定义，优质服务为"组织可持续提供高品质服务的能力"（ISO 23592：2021）。优质服务的目的就是让顾客感到愉悦。

世界上越来越多的公司已经把优质服务的理念纳入公司内部，并建立了相应的计划。除了本书所包括的公司外，公开资料表明，还有许多其他知名公司都已经启动了优质服务计划。其中除了已经在研究文献中提到的公司，如亚马逊、四季酒店、宜家、新加坡航空公司、西南航空公司、里兹—卡尔顿酒店和沃尔特·迪斯尼公司（Edvardsson & Enquist，2011；

Solnet et al.，2010；Wirtz & Zeithaml，2018）外，还有诸如以下公司：

- 克利夫兰诊所，世界领先的医院之一；
- ISS，全球设施管理公司；
- MEWA，一家在欧洲运营的纺织品管理公司；
- MisterSpex，一家在欧洲运营的眼镜店公司；
- OTIS，全球电梯、扶梯和自动人行道制造商。

有趣的是，优质服务不仅适用于商业组织。原则上，这个概念可以应用于提供各种服务的公司，包括公共服务和非营利组织。例如，在沃恩市（City of Vaughan，2018）可以找到优质服务的做法。这个城市位于加拿大安大略省多伦多市以北，是加拿大发展最快的城市之一，自 1996 年以来人口翻了一倍。此外，优质服务也是加拿大伯灵顿市 2018～2022 年战略计划的重点之一（City of Burlington，2019），加拿大的首都渥太华在过去也推出了优质服务计划（Patwell et al.，2012）。

2. 优质服务的益处

当被问及自己公司的定位时，大多数高级管理人员声称他们的公司以顾客为中心；然而，如果询问顾客或者作为顾客与该公司打过交道的人，往往会遇到完全相反的情况（Allen et al.，2005）。然而，在激烈竞争的市场中，将整个公司以及在市场上提供的产品和服务与顾客对齐是至关重要的。值得注意的是，通过提供基本产品和/或服务质量来满足顾客的期望，无法实现高水平的顾客满意度。为了成功并领先竞争对手，必须通过提供多样化的服务体验来让顾客感到愉悦，这就是优质服务追求的目标。不仅仅是公司和顾客从服务中受益，整个社会也会因为服务水平的全面提升而受益。从这个角度来看，可以确定两类受益人：一方面，当公司普遍接受优质服务理念时，公司自身会受益；另一方面，当公司对照官方标准 ISO 23592：2021 执行时，公司还会获得额外的好处。下面将对这两类受益人进行更详细的讨论。

2.1 优质服务的普遍益处

如前文所述，如今的顾客变得越来越苛刻，他们的要求也越来越高，给公司带来越来越重大的挑战。然而，不仅顾客的要求、期望和愿望增加，由于数字化的推进和与之相关的市场透明度的增加（例如价格搜索引擎、在线评论和意见平台），顾客在市场上也具有更大的行动和谈判权利（关键词"顾客赋能"①）。如果仅仅提供令人满意的产品（和服务），顾客很容易选择另一家供应商，因此满意度最多只能成为建立新业务关系的"入场券"。然而，仅凭"永久订阅"并不能成功地将顾客留下来，也不能建立持久的联系。在过去的十年里，公司已经开始考虑如果无法通过满意度来留住顾客，如何采用其他措施来长期留住顾客。因此，顾客愉悦逐渐成为营销的主要目标之一，不仅在德国国内，在国际上也越来越受重视。其目的是使顾客建立起与服务供应商的内在、纯理性和情感上的业务关系信念。这种来自顾客的高度承诺需要极致的顾客体验，才能达到品牌愉悦的最长持久性。

因此，通过优质服务创造顾客愉悦的目标越来越成为企业关注的焦点。这就引出了一个问题，即如何在现实中实现可持续的顾客愉悦。这就是优质服务概念的意义所在，它代表了一种结构化方法，帮助公司有针对性地、持续地提供优质服务。顾客感知到这些高品质的服务，并享受令人难忘的独特时刻，作为极致的顾客体验留存于记忆中（Berman，2005）。这样的难忘经历能够让顾客感到愉悦，从而促进顾客与公司之间的情感纽带和忠诚度。最终，这种更强的顾客忠诚度会带来更好的经济和非经济结果，可以重新投资于服务计划的持续发展（ISO 23592：2021）。优质服务效应链如图2-1所示。

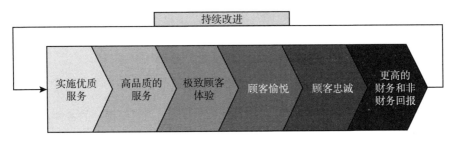

图2-1 优质服务效应链

资料来源：ISO 23592：2021.

---

① 译者注：顾客赋能是指赋予顾客更多权利和自主性，使他们能够更好地参与和影响产品或服务的决策和体验。

如图 2-1 所示，优质服务可以实现多种"软性"和"硬性"的效果。服务的一个软性影响是通过持续提供高品质的服务创造出非凡的顾客体验；另一个影响是这种非凡体验引发了顾客愉悦。正如各种研究所显示的那样，顾客的愉悦反过来导致了顾客忠诚度的增加（JD Power & Associates，2011）。这促进了与忠诚度相关的顾客行为，例如持续回购行为、购买频率和购买力度的增加、更高的推荐率以及更高的支付价格。总体而言，愉悦的顾客也会表现出更高水平的顾客参与度，例如更积极主动地参与公司的活动，如创意竞赛和顾客咨询委员会等（Donsbach & Gouthier，2015）。

上面所概述的积极效果主要是心理和行为效应最终导致的更高的财务和非财务回报（Bates et al.，2003；ISO 23592：2021）。这伴随着其他主要面向市场的目标的实现，例如建立以顾客为中心的服务声誉，反过来与更好的竞争差异化相辅相成，因此也提高了市场准入壁垒。总而言之，上述效应导致企业朝着成功的目标迈进，产生更高的销售额和利润（Bates et al.，2003；ISO 23592：2021；Naden，2021）。

除了与顾客和结果相关的效应外，优质服务的使用还可以对劳动力市场产生积极影响。一家被认为优秀的公司作为雇主也更具吸引力，更有可能吸引更好的求职者，并增强员工忠诚度和员工敬业度。反过来，员工敬业度的提高也会给公司带来许多积极影响（Gallup，2021；ISO 23592：2021）。

除了对顾客和（劳动）市场的影响，优质服务还会在公司内部产生各种积极效应。这些效应包括成本的减少，例如降低出错率和减少浪费。此外，由于较低的顾客流失率、更具说服力的销售活动以及获取新顾客广告费的降低，企业运行成本会降低。敏捷的组织还可以提升效率，持续提供高品质服务（ISO 23592：2021）。

此处罗列的实施优质服务的益处并不是详尽无遗的，只是列举了一些核心的、重要的方面。毫无疑问，还存在其他未在此处明确提及的各种益处。

2.2 应用 ISO 23592：2021《优质服务 原则与模型》的益处

前文已经详细地讨论了优质服务概念的一般益处，接下来将展示一个公司（如果适用，还包括其所处的环境）可以从 ISO 23592：2021 的实施中获得的具体益处：

● 标准的一个重要普遍优势是相关术语在文件中得到了明确的定义，从而创造一种统一的语言和对术语的清晰理解（Lambert，2016）。这种情况尤其有利于相对模糊和主观的概念，如顾客满意度和顾客体验，因为这些概念不是基于客观可度量性，而是基于顾客主观感知的。这使得在特定事实上进行统一的、语言上的交流成为可能，从而改善沟通。因此，这也适用于 ISO 23592：2021，该标准定义了诸如优质服务、高品质服务和顾客满意度等基本术语。总体而言，这促进了公司内部和公司之间的讨论，例如与价值链中的合作伙伴的讨论，因为在这方面的解释空间被最小化了。这些术语的明确定义也是开发有效衡量工具的基本前提（见克里斯蒂娜·罗迪格和克里斯托弗·J. 拉斯汀题为《E. ON SE 顾客体验中的优质服务：净推荐值的作用与应用》的文章）。

● 根据 ISO 23592：2021 采用模型的另一个优势在于它创造了公司之间更好的可比性，因为公司可以以一个统一的、结构化的概念框架为指导。这促进了与最佳实践合作伙伴的系统性交流，以改善内部实践。

● ISO 23592：2021 除了提供服务的原则和模型之外（将在下面各章中详细解释），还提供了各种示范工具清单，这些工具可以促进服务模型各个要素或子要素的实施。因此，它基于普遍接受的最佳实践，反映了这方面的国际最新技术水平（Boiral，2011）。

● 此外，ISO 23592：2021 支持（生态系统）网络的对齐，例如与特许经营合作伙伴和供应商的对齐，以形成共同的品牌理解和顾客形象。

● 最后，ISO 23592：2021 为希望专注于实施或改进服务模型个别方面的组织提供指导，其可以参考感兴趣的要素和子要素。

综上所述，可以说，ISO 23592：2021 通过优质服务的方式，支持企业要么巩固自身市场领导地位，要么朝着市场领导地位的方向发展。

3. 结论

本章详细讨论了优质服务的相关性，并为此强调了服务业的重要性。由于当前的发展趋势，顾客要求的增加且市场竞争日益激烈，优质服务的主题在世界范围内正变得越来越重要。然而，必须考虑一个事实，即优质服务主要针对的是属于或希望属于市场前 5% ~ 10% 的公司。尽管如此，所有公司都可以使用模型来将公司或其部分领域朝着优质服务的方向发展。总的来说，ISO 23592：2021 是一个适用于所有类型服务提供公司的横向标准，与其规模或所属行业无关。

在这方面，优质服务可为组织提供许多不同的益处，本章对此进行了概述。

参 考 文 献

［1］ Allen, J., Reichheld, F., Hamilton, B. and Markey, R. (2005). Closing the delivery gap, Bain & Company.

［2］ Bates, K., Bates, H. and Johnston, R. (2003). Linking service to profit：The business case for service excellence, International Journal of Service Industry Management, 14 (2), pp. 173 – 183.

［3］ Berman, B. (2005). How to delight your customers, California Management Review, 48 (1), pp. 129 – 151.

［4］ Boiral, O. (2011). Managing with ISO systems：Lessons from practice, Long Range Planning, 44, pp. 197 – 220.

［5］ City of Burlington (2019). 2018 – 2022 Burlington's plan：From vision to focus, City of Burlington, Canada, https：//www. google. com/url? sa = t&rct = j&q = &esrc = s&source = web&cd = &ved = 2ahUKEwi494LS2 – H5AhXrN – wKHdMBB2oQFnoECAQQAQ&url = https%3A%2F%2Fmarianne-meedward. ca%2Fwp-content%2Fuploads%2F2019%2F07%2FCM – 15 – 19 – 2018 – 2022 – Burlingtons – Plan – From – Vision-to – Focus – Revised – July – 8. pdf&usg = AOvVaw2wqCcAcYrKkmhCtnSrsaA6, accessed 09/05/2021.

［6］ City of Vaughan (2018). 2018 – 2022 Term of council service excellence strategic plan, City of Vaughan, Canada, https：//www. vaughan. ca/serviceexcellence/Pages/default. aspx, accessed 09/05/2021.

［7］ Dixon, M., Freeman, K. and Toman, N. (2010). Stop trying to delight your customers, Harvard Business Review, July – August.

［8］ Donsbach, J. and Gouthier, M. H. J. (2015). Customer delight as anex ante and ex post factor of positive customer engagement behavior: Interactive value creation in customer management, in: Bruhn, M. and Hadwich, K. (eds.). Interactive value creation through services, Forum Service Management 2015, Wiesbaden, pp. 211 - 234.

[9] Edvardsson, B. and Enquist, B. (2011). The service excellence and innovation model: Lessons from IKEA and other service frontiers, Total Quality Management & Business Excellence, 22 (5), pp. 535 - 551.

[10] Gallup (2021). Gallup's employee engagement survey: Ask the right questions with the Q12 survey, https://www.gallup.com/workplace/356063/gallup - q12 - employee-engagement-survey.aspx, accessed 09/05/2021.

[11] Gouthier, M. H. J. and Schmid, S. (2003). Customers and customer relationships in service firms: The perspective of the resource-based view, Marketing Theory, 3 (1), pp. 119 - 143.

[12] Gouthier, M. H. J., Giese, A. and Bartl, C. (2012). Service excellence models: A critical discussion and comparison, Managing Service Quality, 22 (5), pp. 447 - 464.

[13] Hsu, S. H. and Shen, H. P. (2005). Knowledge management and its relationship with TQM, Total Quality Management & Business Excellence, 16 (3), pp. 351 - 361.

[14] ILO (2020). World employment and social outlook, https://www.ilo.org/wesodata/? chart = Z2VuZGVyPVsiVG90YWwiXSZ1bml0PSJOdW1iZXIiJnNlY3Rvcj1bIlNlcnZpY2VzIl0meWVhckZyb209MTk5MSZpbmNvbWU9W10maW5kaWNhdG9yPVsiZW1wbG95bWVudERpc3RyaWJ1dGlvbiJdJnN0YXR1cz1bXSZyZWdpb249W10WyJXb3JsZCJdJmNvdW50cnk9W10md29ya2luZ1BvdmVydHk9W10meWVhclRvPTIwMjMmdmlld0Zvcm1hdD0iQ2hhcnQiJmZnZT1bIkFnZTE1cGx1cyJdJmxhbmd1YWdlPSJlbiI%3D, accessed 02/09/2022.

[15] ISO 23592: 2021 (2021). Service excellence: Principles and model, Geneva.

[16] JD Power and Associates (2011). Achieving excellence in customer service: The brands that deliver what US consumers want, Los Angeles et al. Knoema (2021). World - Service exports in current prices, https://knoe-

ma. com/atlas/World/Service-exports？origin = knoema. de，accessed 02/09/2022.

［17］ Lambert，G. （2016）. Service with a smile，thanks to standards，https：//www. iso. org/news/2016/05/Ref2077. html，accessed 12/29/2021.

［18］ Martín – Castilla，J. I. and Rodriguez – Ruiz，O. （2008）. EFQM model：Knowledge governance and competitive advantage，Journal of Intellectual Capital，9 （1），pp. 133 – 156.

［19］ Naden，C. （2021）. Excellence in customer service：New international guidance makes everyone a winner，https：//www. iso. org/news/ref2702. html，accessed 12/29/2021.

［20］ OECD （2021）. Outward FDI flows by industry，https：//data. oecd. org/fdi/outward-fdi-flows-by-industry. htm # indicator-chart，accessed 09/05/2021.

［21］ Patwell，B. ，Gray，D. and Kanellakos，S. （2012）. An innovative approach to fostering a culture of service excellence in the city of Ottawa，IRC，Queens University，https：//irc. queensu. ca/an-innovative-approach-to-fostering-a-culture-of-service-excellence-in-the-city-of-ottawa/，accessed 09/05/2021.

［22］ Solnet，D. ，Kandampully，J. and Kralj，A. （2010）. Legends of service excellence：The habits of seven highly effective hospitality companies，Journal of Hospitality Marketing & Management，19 （8），pp. 889 – 908.

［23］ The World Bank （2022）. Services，value added （% of GDP），https：//data. worldbank. org/indicator/NV. SRV. TOTL. ZS，accessed 02/09/2022.

［24］ Western Union Company （2020）. The global services trade revolution – Fuelling post-pandemic economic recovery and growth，Oxford Economics，https：//business. westernunion. com/en-gb/p/cmp/2020/the-global-trade-services-revolution，accessed 09/05/2021.

［25］ Wirtz，J. and Lovelock，C. H. （2018）. Essentials of Services Marketing，3rd ed. ，Pearson.

［26］ Wirtz，J. and Zeithaml，V. （2018）. Cost-effective service excellence，Journal of the Academy of Marketing Science，46，pp. 59 – 80.

第 3 章

优质服务作为企业成功的要素

基于 ISO 23592：2021 的优质服务概念

马蒂亚斯·古泰尔（Matthias Gouthier）

【摘要】

"服务是一种态度"这句话经常出现在优质服务的语境中。原则上，这个说法是正确的，正确的态度或心态的重要性是毋庸置疑的。然而，事实是，仅有内在的态度并不足以使一家公司能够在市场上持续提供高品质的服务，正如菲利普·D. 克拉朗瓦尔（Philippe D. Clarinval）在他的文章中所写的那样："如果我们只尊重标准，我们提供的服务将显得无趣；如果我们只表现情感，我们会看起来像可爱但不太有能力的即兴表演艺术家。"中小型企业和大型公司需要一个系统性的方法和以行动为导向的指南，用来构建一个以顾客为中心并让顾客满意的结构化概念。这就是国际标准 ISO 23592：2021 所定义的优质服务概念发挥作用的地方。本章描述了 ISO 标准的主要内容，包括术语、原则和优质服务模型。

1. ISO 23592：2021 的内容和结构

ISO 23592：2021《优质服务　原则与模型》包括七章正文以及对该主题的简介。目前有英文和法文版的标准①，德文版也计划在不久的将来

---

① 译者注：中文版也已经发布，即 GB/T 42185－2022《优质服务 原则与模型》。

出版。

ISO 23592：2021 的引言，详细地讨论了优质服务的相关性和目标。正如在标准正文"优质服务的相关性和好处"章节中所描述的那样，不断增长和变化的顾客要求、全球化和数字化增加了公司要在市场上生存并希望保持甚至成为市场领导者的需求。因此，公司必须在这个苛刻的市场环境中，按照以顾客为中心的方式定位自己。在这种背景下，仅满足于顾客满意已经不够了，还要让顾客愉悦（Ludwig et al., 2017；Parasuraman et al., 2021）。这就要求提供高品质的服务，并通过它们让顾客获得极致的顾客体验，这就是优质服务的目标。

此外，该标准的引言讨论了构成优质服务的四个不同级别。这种分级是基于罗伯特·约翰斯顿（Johnston，2004；2007）的研究成果所描述的四个维度可以按照优先级进行排序，并呈现为一个优质服务金字塔（见图 3-1）。

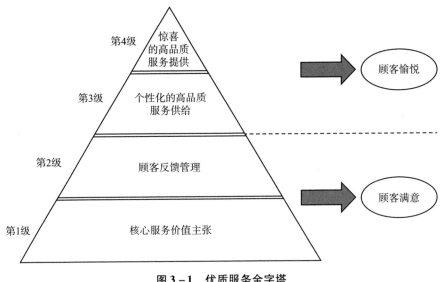

图 3-1　优质服务金字塔

优质服务金字塔的两个较低级别构成了实施优质服务的基础，因为它们是基本的前提条件。第 1 级和第 2 级主要关注满足顾客期望和承诺兑现，因此，通常这两个级别并不触发愉悦感，最好的结果只是使顾客满意。顾客认为核心服务（第 1 级）是公司兑现其承诺的体现。与 Kano 模型（Kano et al.，1984）的理念相关，这个级别提供的服务可以被理解为顾客"必须满足"的需求。因此，公司不能通过这种基本服务来创造顾客满意，最多可以避免顾客的不满。顾客反馈管理（第 2 级）有助于妥善处理顾客的问题和疑虑，可以通过高效的顾客反馈管理，实现顾客的满意和减轻不满情绪。当前已有针对这两个级别应对挑战的标准。例如，国际标准 ISO 9001：2015、ISO 10002：2018 和 ISO/IEC 20000 - 1：2018 可以用于此目的。

基于此，ISO 23592：2021 重点关注优质服务金字塔的上面两个层级，这些层级可以与顾客建立情感联系并使顾客满意。它们包括：

● 提供个性化的高品质的服务（第 3 级）：这种超出平均水平的服务让顾客感受到服务的热情、真诚、个性化、定制化和价值增值。因此，可以给顾客带来被重视和认可的正向情感。

● 提供惊喜的高品质服务（第 4 级）：这种非凡的服务触发了顾客的积极情绪，如惊喜和愉悦。这是通过超出顾客期望并增加（主观感知的）价值来实现的。这可以通过提供意想不到的极致顾客体验来实现。惊喜可以被视为强化因素，因为体验越惊喜，顾客就会越高兴（Ludwig et al.，2017）。当然，实现顾客满意有很多不同的方法（Barnes & Krallman，2019）。"

优质服务金字塔应该在内部沟通中使用，例如，在优质服务实施阶段。它以非常易于理解的方式向管理者和员工解释了为什么公司必须专注于履行承诺（第 1 级和第 2 级），并通过提供高品质的服务（第 3 级和第 4 级）超越顾客的期望。

ISO 23592：2021 的第 1 章规定了标准适用范围，其适用于所有提供服务的组织，如商业组织、公共服务和非营利组织。因此，提供工业服务的工业企业同样可以使用它。特别是在工业公司提供的产品与市场上的产品差异不大的情况下，注重优质服务是使自己从竞争中脱颖而出的一个成功因素（Ulaga & Reinartz，2011）。此外，如前文所述，该标准侧重于优质服务金字塔的两个较高层次。

与标准通常的情况一样，规范性引用文件在第 2 章中列出，但本标准没有相关引用文件。

第 3 章定义了关键术语。正如本书第 2 章"优质服务的相关性和益处"所述，标准的一个显著优势是相关术语的定义界定，从而产生了对这些术语清晰而统一的理解。优质服务和高品质服务这两个术语的定义是基础，因为这种区分在实践中经常被混淆。虽然优质服务被理解为"组织可持续提供高品质服务的能力"（ISO 23592：2021，第 1 页），但高品质的服务是"由组织向顾客提供，使顾客获取极致顾客体验从而打动顾客的高阶服务输出"（ISO 23592：2021，第 1 页）。另一个在实践中经常混淆的重要术语是"顾客愉悦"，因为它具有主观性。顾客愉悦一词被理解为"顾客感受到的一种具有高价值感或超预期（或两者兼有）的正向情感体验"（ISO 23592：2021，第 2 页）。此外，这一章还规定了共创、顾客、顾客体验、极致顾客体验、顾客旅程、满意度、服务、服务供给、优质服务愿景、优质服务使命、优质服务战略和员工参与等术语。不过，这里将不详细展开讨论。

第 4 章讨论了优质服务的相关性和好处。在此应该参照前文提及的相关文章，其中在研究中区分了优质服务的两个方面。

ISO 23592：2021 的第 5 章介绍了优质服务的原则，这些原则将在后文详细讨论。

2. 基于 ISO 23592：2021 的优质服务原则

ISO 23592：2021 有七项原则，旨在为公司提供实施以顾客为中心所需的基本指导。目的是消除实施优质服务的典型障碍，如约翰斯顿（Johnston，2007）所述的那样：

● 最显著的障碍之一是缺乏心态或态度。管理者往往对自己服务的评价比顾客的评价要高（Allen et al.，2005）。此外，并非每个管理者或每个员工都具备"服务基因"和显著的服务心态。

● 实现优质服务的另一个障碍是公司往往更加关注内部而不是关注顾客。通常情况下，管理者和员工对服务的理解是由内而外的，而不是必要的（补充的）由外而内。

● 还有一个障碍是部门和部门之间缺乏内部协调和沟通。这特别指的是服务提供没有从顾客的角度进行设计和优化。然而，无缝的服务提供往往由于公司内部明显的孤岛心态而失败。

● 此外，现有的系统、流程和结构往往与顾客的需求不匹配。特别是在顾客服务方面，目标重点经常是降低成本和提高效率，而不是提高顾客忠诚度意义上的顾客有效性。

● 最后，还存在员工方面的不足：缺乏对服务提供的积极态度，缺乏提供高品质服务所需的知识、技能和能力，或缺乏为顾客"多走一英里"的动力。

优质服务的七项原则（见图3－2）解决了上述障碍（ISO23592：2021）。

图3－2　优质服务的原则

资料来源：ISO 23592：2021.

（1）第一条原则要求"从外而内管理组织"。这是以顾客为中心的核心思想之一。因此，公司应该关注顾客的需要、期望、愿望和问题，并从顾客的角度设计顾客期望的体验。此外，应该以顾客为中心不断调整资源和流程。这一基本原则与其他原则，尤其是第五条原则密切相关。

（2）第二条原则要求"巩固顾客关系"。在当今的经济环境下，只考虑顾客与公司之间的单次交易已经远远不够；公司必须努力长期留住顾客。因此，公司应力求高度关注顾客个人。此外，还应关注顾客在整个业务关系中的需求和期望。这一目标可以通过多种方式实现，例如持续沟通、建立顾客忠诚计划等。

（3）"事在人为"是第三条优质服务原则的核心思想。因此，公司所有管理者和员工（包括外部合作伙伴）的承诺对于实现顾客满意至关重要。组织中的一线员工和后台员工都是如此，因为每个人都在提供和消费（内部）服务。

（4）第四条原则是"平衡顾客、员工、分包商和其他利益相关方"。这意味着顾客、员工、分包商和其他利益相关方对公司的成功至关重要。因此，公司应对他们保持平衡关注。这一原则背后的一个基本理念是，只有积极投入的员工才能让顾客满意；另一个基本假设是，如果公司要始终使顾客满意，整个价值链以及集成的分包商也应表现出对顾客同样认真的态度和高度投入。

（5）第五条原则强调"跨职能的管理方法"。这是为了克服前面提到的孤岛方法或孤岛心态。这意味着要打破公司内部的思维方式，创建一种集成、跨职能的思维方式和对顾客旅程的调整。

（6）第六条原则要求"借助科技"。在经济数字化迅速发展背景下，这一原则变得越来越重要，特别是在提供高品质的服务方面。因此，应使用适当的技术，如人工智能、大数据和机器学习，来创造高品质的服务和极致顾客体验（Weitzer & Weislaemle，2021）。

（7）最后，在优质服务实施方面投入努力，是"为利益相关方创造价值"。这是优质服务的第七条原则（Antonacopoulou & Kandampully，2000）。这种额外可持续价值的创造取决于所有利益相关方的共同创造。这种增值可以是货币性的，也可以是非货币性的。

ISO 23592：2021 的第 6 章在原则之后详细讨论了优质服务模型。接着，第 7 章更详细地描述了模型的要素和子要素。这两个章节是接下来部分的重点。

3. 基于 ISO 23592：2021 的优质服务模型与要素

根据 ISO 23592：2021 标准，优质服务的模型包括四个维度和九个要素（见图 3 – 3）。

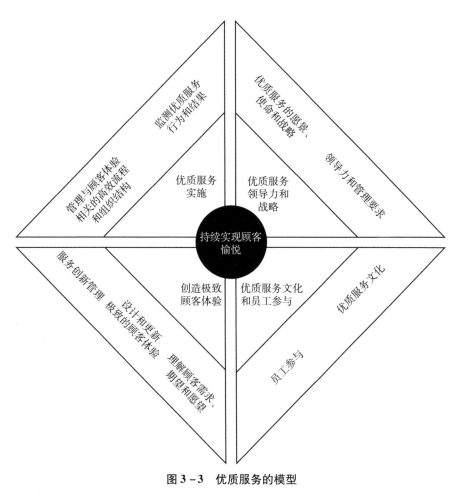

图 3 – 3　优质服务的模型

资料来源：ISO 23592：2021.

该模型的核心是优质服务的实际目标：持续让顾客感到愉悦。这个目标要求对上述四个维度、九个要素的一致应用。需要注意的是，该模型不设定各要素的先后顺序。例如，公司可以在定义优质服务的愿景和使命之前，先引入概念和措施来改善顾客体验。

此外还必须指出，ISO 23592：2021 提供了具体的例子，说明如何使用适当的概念、手段和工具来实现元素和子元素。然而，本章并没有呈现或讨论这些例子，因为本书关于九个要素中每一个具体实施方法都至少有一篇最佳实践案例；在"设计和更新极致顾客体验"这一理念中，甚至用了两篇文章来展示它的具体实现。

3.1 优质服务的愿景、使命和战略

第一个要素侧重于制定和确定"优质服务的愿景、使命和战略"。一般来说，这是长期性的，例如 3～5 年。在此背景下，优质服务的愿景、使命和战略旨在为顾客提供高品质服务和优质顾客体验提供框架。它们在优质服务模型的所有其他要素中、在呈现优质顾客体验的原则和设计方面起着核心作用。要做到这一点，分析并清楚了解一家公司的市场定位是必要的。根据公司的定位，如它是在低端、高端还是奢侈品市场运营，顾客期望不同，因此对优质服务的要求也不同。总之，这一要素被定义为强制性要求，这意味着如果公司想要获得 ISO 23592：2021 认证，那么它必须定义其长期优质服务的愿景、使命和战略——这里的重点是动词"必须"。优质服务的愿景、使命和战略也必须相互一致（Crotts et al.，2005），并应基于公司的整体战略。后者对于制造公司至关重要，因为产品和技术的导向往往占主导地位（Lambert，2016），在这种情况下，优质服务战略必须与公司的整体战略保持一致。强大的优质服务愿景、使命和战略并非仅由顶级常务董事创建，在制定和审查这些计划时，应听取所有利益相关者（包括管理层、员工和顾客）的意见。

进一步地，假设愿景、使命和战略应该在整个组织中得到理解和践行，在这种情况下，它们还必须传达至公司的各个领域，并在整个组织中层层传播。这是一个普遍要求，不能通过一次性的传播活动来实现，而需要持续的努力。它们还应该在整个公司范围内得到实施，以建立优质服务

的文化。此外，它有助于向所有员工详细介绍公司内的决策过程。实践表明，许多领先的公司已经实施了这一要求，并明确将顾客愉悦和优质服务定为愿景、使命和/或战略的核心内容。

第一个要素分为以下三个子要素：

（1）第一个子要素是愿景（Collis & Rukstad，2008）。一个公司必须有一个长期的服务愿景，特别是应该强调公司致力于通过优质服务始终满足并超越顾客的期望、需求和愿望。这个愿景应该与整个公司的战略方向保持一致。此外，它应该基于对所有利益相关方和外部环境的需求和期望的充分理解。

（2）第二个子要素是使命（Collis & Rukstad，2008）。因此，公司必须有一个长期的使命。这个使命使公司能够制定一个优质服务战略并为实现优质服务的愿景设定公司的目标。公司应该从顾客的角度出发并考虑可行性来评估所提出的使命。

（3）第三个也是最后一个子要素是优质服务战略（Collis & Rukstad，2008）。这就要求公司将优质服务的愿景和使命转化为协调一致的战略。优质服务可以理解为战略的"最佳位置"，它使公司的能力与顾客的需要相一致，以一种竞争对手无法匹敌的方式适应不断变化的外部环境——如技术、行业人口统计和监管等因素（Collis & Rukstad，2008）。该战略包括可靠的原则、记录在案的战略和运营目标以及实现目标的行动。优质服务战略应该是公司整体战略的一个组成部分。然而，如果它只是一个子战略，例如在制造公司中，它至少应该与整体战略协调。此外，优质服务战略应该持续进行评估，并在必要时进行调整。

3.2　领导力和管理要求

优质服务模式的第二个要素主要致力于领导力和管理层的作用。据此，管理机构的所有成员和各级公司负责人在定义、实施和维护优质服务战略方面发挥着决定性作用。作为服务领导者，管理者应该表现出以下行为：如认识和重视优质服务，消除服务交付障碍，为优质的顾客体验设定明确的标准等（Wong et al.，2015）。为成功而可持续地实施优质服务，他们必须致力于公司的理念，并意识到其有义务这样做。领导团队的关键要求之一是确保优质服务的愿景、使命和战略的制定和实施符合公司的整体战略方向。其中一种方法可能是"每个管理层级都将成为下一级的管理者,成为将优质服务战略融入每个人行为的起点"(Collis & Rukstad,2008)。管理层还负责制定优质服务的基本宗旨和价值观,并确保包括员工和合作伙伴在内的整个组织都致力于实现这些价值观(Heskett et al.,2015;Testa & Sipe,2012)。Zappos 的例子可以很好地说明优质服务的核心价值观。这家公司是亚马逊的子公司,是一家美国在线鞋类和服装零售商。该公司将其核心价值定义为:"通过服务带来惊喜"。管理人员和员工应该被相同的价值观、习惯和原则所引导。此外,对于优质服务的实现而言,高管表现出强烈而清晰的心态,并致力于创造一个环境,使员工能够充分发挥潜力,提供优质服务,这一点至关重要(Hunt & Ivergård,2015)。

这一要素随之分为以下三个子要素:

(1)领导力:这里与管理开篇引言的直接联系变得明显。例如,各级管理者应专注于优质服务的方针,他们必须创建涵盖整个公司及其关键利益相关者的优质服务文化,他们应该将公司的表现与优质服务方面的表现直接联系起来。

(2)共同努力、明确责任和目标:第二个子元素是关于公司的管理者如何通过强有力的领导和角色建模来创建一个环境,使员工能够提供优质的顾客体验。要做到这一点,公司中的每个人必须知道他们应该对实现优质服务目标作出的贡献。

(3)员工赋权和参与:第三个子元素针对员工,最终以管理者的目标和方法为导向。因此,从管理角度来看,员工赋权可以理解为一种关系结构,描述了组织中有权力的人如何与缺乏权力的人分享权力、信息、资源和奖励(Fernandez & Moldogaziev,2013)。例如,在优质服务的环境中,员工应该超越预期,为顾客提供优质和个性化的体验。然而,创建这种环境的责任在于管理层(Den Hartog & Verburg,2002)。因此,管理层应该与员工分享四个组织要素。第一,他们应该告知员工有关组织、团队和个人绩效的信息;第二,他们应该根据组织、团队和个人绩效设定奖励;第三,他们应该分享知识,使员工能够更好地理解和贡献于组织、团队和个人的服务绩效;第四,他们应该分享权力,包括对工作流程和组织方向的影响以及微观层面上特定交易的决策权力（Bowen & Lawler，1992）。

3.3　优质服务文化

第三个要素是企业文化。根据 ISO 23592：2021 的理解，它是影响人们思维、情感和行为以实现优质服务、创造出色体验并让顾客满意的关键因素。因此，优质服务文化是企业文化的重要组成部分（见图 3-4）。它可以被定义为一种对优质服务抱有欣赏之情的特殊文化。此外，在这种文化中，高品质的服务被视为内部和外部顾客的生活方式，也是基本规范之一。

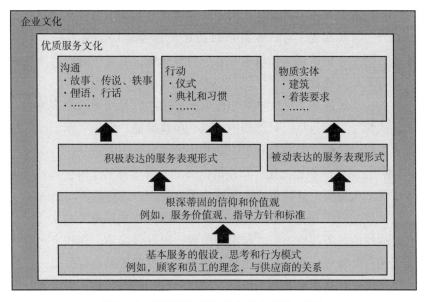

图 3-4　优质服务文化是企业文化的一部分

资料来源：Schein，2016.

基于沙因（Schein，2016）的基础研究，企业文化可以分为三个层级，可以调整为更具体的优质服务文化。优质服务文化最一般的要素群体，包括基本服务的假设、思考和行为模式，如管理人员和员工对顾客的理解以及与供应商的关系。再上一层次是明示的服务信念和价值观，如服务价值观、指导和标准。最高层级是表现形式，可以分为积极表达的服务表现形式，如沟通，包括关于优质服务的故事、传说、轶事等，以及服务行动，包括服务仪式、典礼和习惯等。除此之外，还有被动表达的服务表现形式，多指物质实体，如建筑和着装规范等。

这个元素分为以下三个子元素：

（1）定义优质服务文化：优质服务文化应该反映出一个公司的价值观、态度和行为。领先的公司将优质服务定义为其企业文化的核心价值。例如，世界上最大的建筑设备制造商卡特彼勒（Caterpillar）在其行为准则中宣布了其对产品和优质服务的信念（Caterpillar，2019）。

> 优质——我们设定并实现雄心勃勃的目标。我们产品和服务的质量反映了卡特彼勒的力量和传统——我们对自己所做和所创造的引以为傲。我们对人、流程、产品和服务的优质充满激情。我们决心通过创新、持续改进、对顾客需求的高度关注和迫切感来为顾客提供服务。对于我们来说，优质不仅是一种价值观，更是一种纪律和使世界变得更好的手段。

因此，优质服务文化能够实施优质服务战略，最终导致顾客愉悦。此类文化的例子可能包括：对优质的承诺、授权赋能、超越要求、接受挑战的开放态度、热情、自豪、积极主动和认可。

（2）传播优质服务文化：持续的内部和外部传播对于维护和发展优质服务文化至关重要，这种传播必须成为所有管理者进行的不间断活动。

（3）实施优质服务文化：改变和发展一种追求优质服务的文化是一项具有挑战性的任务，也是一个长期的旅程。要取得成功，这种文化应该嵌入公司的各个领域。此外，作为服务领导者，管理者必须与员工一起开发一种直接支持优质服务的文化。行为服务标准是实现这一目标的一种方式。以 Safelite AutoGlass 为例：该公司为其服务技术人员设定了五项标准，他们称之为"5Ts"：

- 时间：提前给顾客打电话通知他们到达时间。
- 接触：握手、进行眼神交流并接触顾客。
- 技术精湛：每次都要一次性做好。
- 交流：告诉顾客我们将要做什么并付诸行动。
- 感谢：对顾客选择 Safelite 表示感谢。

3.4　员工参与

优质服务模式第四个要素涉及员工敬业度的关键成功因素。这可以理解为"员工对组织的贡献程度、对工作的热情程度，以及为工作中的自主努力程度"（ISO 23592：2021）。它包括员工通过表现出积极的情感依附和对日常工作的承诺，以帮助组织实现其目标的意愿。对于公司来说，忠诚的员工愿意"为顾客和组织多走一英里路"。根据盖洛普（Gallup）公司所做的深入研究，事实证明，高度投入的团队具有明显更多的积极成果，例如顾客忠诚度提高了 10%（Gallup，2022）。特别是当顾客对高品质服务和优质的体验感到满意时，员工往往在其中发挥着重要作用（Den Hartog & Verburg，2002；Heskett et al.，2015）。根据 ISO 23592：2021，公司必须以目标明确的方式使用人力资源、流程和工具来促进共同价值观、信念和实践的持续发展，由此创造极致的顾客体验并实现目标（Horwitz & Neville，1996；Wirtz & Lovelock，2022）。如第 3.2 节所述，管理是此处的重要因素。管理层应该确保员工热情、敬业并受到激励，以超越顾客期望来创造极致的顾客体验，从而取悦顾客。

这一要素分为六个子要素：

（1）招聘和入职培训：如果想要将优质服务的理念从一开始就深深植根于员工的思想中，招聘和入职阶段至关重要。因此，这两个阶段的重点应该是考察新员工在优质服务方面的态度和行为，这也涉及雇佣合适的人（Wirtz & Lovelock，2022）。

（2）员工持续学习和成长：这个子要素强调了员工对创造优质顾客体验的热情。为了达到这个目的，所有员工，无论他们的经验水平如何，都应该对持续学习持有积极的态度（Ho，1999）。由于工作环境不断变化，加上顾客的期望、需求和愿望也在不断发展，持续学习的态度对于与时俱进并提供高品质服务是必不可少的。

（3）顾客对员工或团队层面的反馈：公司的一个特点是，管理层对顾客体验服务绩效和质量的看法通常与顾客的实际体验或顾客对其感知和评价有很大不同（Allen et al.，2005）。因此，公司应定期从顾客那里获取可靠的反馈，并将这些顾客洞察传达给相关部门、团队和/或人员。

（4）员工的评估：应该定期评估服务导向以提高员工的绩效。只有当员工清楚地知道自己在服务提供方面的优势和劣势时，他们才能有针对性地改善其服务导向。此外，员工还应该能够证明他们一直在为顾客提供优质的服务和支持。

（5）认可或承认系统：在塑造积极的认可文化方面，这一要素在持续提供高品质的服务方面起着核心作用（Wirtz & Lovelock，2022）。正如许多研究所显示的那样，自豪感可以引发朝向以顾客为导向的行为的正向积极循环（Gouthier & Rhein，2011；Kraemer et al.，2020）。这就是为什么像丽思卡尔顿酒店集团这样的服务冠军会实施全公司范围的计划来创建积极的认可文化。

（6）员工反馈机制：为了确保公司及其员工队伍的持续发展，公司应该收集来自顾客和员工的反馈。这也加强了员工的参与度，并提高了优质服务的水平（Wirtz & Lovelock，2022）。

3.5 理解顾客需求、期望和愿望

在这些主要的内部维度和元素之后，以顾客为导向的元素现在成为关注的焦点。根据 ISO 23592：2021，公司必须进行适当的研究和分析，以充分了解其顾客当前和未来的需求、期望和愿望。只有深入了解顾客的需求、期望和愿望，才能系统地超越它们。因此，深入了解顾客是建立和维护一个运行良好的优质服务系统的前提条件。

这个要素可以分为三个子要素：

（1）第一个是对顾客的倾听范围和深度：只有获取到顾客的真实意见、经验、需求和愿望，才能超越顾客的期望，这不仅是偶然性的，还是系统性和持续性的（Wirtz & Lovelock，2022）。因此，这个子要素要求公司建立一个永久性的系统来记录和追踪顾客的期望、愿望以及当前和变化中的顾客需求。

（2）数据采集与使用：为了尽可能获得顾客的真实情况及其态度和行为，公司应始终如一地使用各种（定性和定量）方法研究和分析顾客的需求、期望和愿望。这应该从关系的角度出发，贯穿于所有的顾客旅程。研究表明，顾客旅程的表现比服务触点的表现更能预测业务成果

（Rawson et al.，2013）。

（3）适应顾客的需求、期望和愿望：根据灵活性和流动期望的理念（Shah & Greene，2015），顾客通常期望产品和服务具有适应性，并能根据变化进行更新。无论变化的原因是什么（例如法律、社会、技术、环境、时尚、竞争或创新的发展），都应该这样做。

3.6　设计和持续更新极致的顾客体验

在捕捉到顾客有意识和潜意识的需求、期望和愿望之后，这个元素重点关注将它们转化为高品质的服务和极致顾客体验。后者被定义为一种"显著优于普通的顾客体验"（ISO23592：2021，第 2 页）。因此，这一要素要求公司设计、实施和管理极致的顾客体验，以实现顾客的愉悦。

因此，这个元素被分为以下四个子元素：

（1）设计和记录顾客体验：一方面，ISO 23592：2021 要求从顾客的角度来设计预期的体验，包括顾客的需求、顾客旅程以及顾客和员工的情感结果；另一方面，计划中和实际的顾客体验必须记录在案，以便始终对其进行优化。

（2）设定组织服务标准和交付服务承诺：这个子元素认为，如果公司明确承诺提供适当和必要的标准，提供极致顾客体验的承诺就会增强。因此，公司必须设定和维护市场领先的内部标准，并定期超越其服务承诺。为了做到这一点，像 Apple（它的标准被称为"APPLE"，用于其店员）和 Safelite AutoGlass（"5Ts"用于服务技术人员，"5Bs"用于顾客服务代表）这样杰出的服务领先公司已经创建了内部服务标准，以引导其员工在顾客接触方面表现出色。

（3）在整个组织中部署顾客体验理念：从主导控制的角度规划期望的顾客体验仍然是一个相对容易实现的目标，真正的挑战在于它们的实施。因此，这个子元素要求明确记录实施顾客体验计划的具体要求。

（4）高质量的服务补救：高品质的服务不仅在日常业务中应该提供给顾客，当顾客遇到问题或投诉时，公司应该帮助顾客创造极致的顾客体验，使顾客满意。

3.7 服务创新管理

当今公司面临的最大挑战之一是顾客不断变化的需求、期望和愿望，这是由公司持续地夸大承诺、数字化带来的更高市场透明度，以及顾客期望的流动性（Shah & Greene，2015）所带来的。今天超出顾客期望的服务到了明天可能会变成标准服务。此外，有时顾客自己并不确切知道他期望或想要什么。因此，努力提供高品质的服务和取悦顾客的企业必须不断改进他们所提供的服务（Eisawi et al.，2012）。这需要与顾客以及其他利益相关方密切合作。因此，像服务设计这样以顾客为中心的概念可以为企业提供帮助。为此，可以使用技术规范 ISO/TS 24082：2021 作为支持。它描述了一种系统的方法，包括设计高品质服务以实现极致顾客体验的原则和活动。

众所周知，在理论和实践上，服务创新可以是渐进的（不断演进的），改进现有的流程和服务，或突破性的（颠覆性的），开发和引入新的流程和服务。通过这种方式，服务创新提供给顾客特定的附加值，例如，通过新的服务和承诺以及优化流程，导致服务交付的优化和产生新的商业模式。

因此，这个要素分为以下两个子要素：

（1）创新文化：公司应促进和推广从顾客和员工角度出发的、支持开发高品质服务的服务创新文化。因此，公司内部应培养一个以创造力、创新力和实验为特征的环境，使公司能够引入新想法和新流程。

（2）创新流程结构化：公司还应有一个结构化的创新流程，以定期在优质服务方面进行创新。该流程应包括以下四个步骤：创意产生、构思、开发和市场发布。这四个步骤对于从不同价值视角（例如新服务、核心服务、服务交付和补充服务）生成、管理和控制源源不断的优质服务的创新是必要的。ISO/TS 24082：2021 给出了一个稍微更具体的方法来开发高品质的服务。该标准包含以下五个核心活动：一是理解和共情顾客，二是定义设计具有挑战性和独特性的价值主张，三是基于触点和数据点设计极致的顾客体验，四是设计一个共同创新的环境来增强极致顾客体验，五是评估高品质服务的设计。

3.8　管理与顾客体验相关的高效流程和组织结构

与之前的维度和要素相比，优质服务模型中的最后两个要素处于更偏重操作的层面。ISO 23592：2021 优质服务模型的倒数第二个要素要求公司拥有能够满足现有和不断变化的顾客及外部环境需求、期望和愿望的适当的流程、技术、技巧和组织结构。尤其是对于服务而言，一个综合的流程视角至关重要，因为每个服务企业都是一个流程网络。综合意味着应从内部视角分析流程，并从顾客的角度评估流程，每个服务流程都始于顾客的需求，并终止于将结果移交给顾客。因此，公司应开发、实施和管理实现所设计的顾客体验概念并产生极致顾客体验的顾客旅程。这需要以顾客为中心的思维和注重优质服务整体效应链，其中包括关注极致顾客体验的供应商和其他企业。此外，还应考虑员工的需求（例如员工的反馈意见）。一般来说，已经证明，条块分割的思维和行为与组织经济绩效之间存在显著的负相关关系（Goran et al.，2017）。总的来说，这个要素显示了与优质服务模型的其他要素的各种联系，因此可以将其细分为以下三个子要素：

（1）数据获取和使用的组织：为了获得对顾客的最真实的视角，以及他们的态度和行为，一家公司应该始终使用各种方法（定量的和定性的），对顾客的需求、期望和愿望进行研究和分析。这应该从关系角度和覆盖全部顾客旅程，研究表明，在顾客旅程上的表现比在接触点上的表现更能预测商业结果（Rawson et al.，2013）。

（2）适应顾客需求、期望和愿望：根据敏捷性和流动性预期（Shah & Greene，2015），顾客通常希望产品和服务能够保持适应性，并在变化中更新。不论变化的原因是什么（例如法律、社会、技术、环境、时尚、竞争或创新发展），都应该这样做。

（3）组织结构和合作伙伴关系的管理：由于环境和市场的快速变化，公司应具备灵活敏捷的结构，特别是在对顾客和员工的需求和要求方面。因此，应该减少部门间的冲突以及与合作伙伴之间衔接不畅的接口，理想的情况下要消除不畅。

3.9 监测优质服务行为和结果

优质服务模型的第九个也是最后一个要素致力于衡量成功和优质服务任务的完成情况。假设优质服务理念在一家公司得到了成功实施并持续存在。在这种情况下，公司必须开发和系统地应用一系列以优质服务模型所有要素为重点的内外部指标。除了 ISO 23592：2021 中提供的基本信息外，新近开发的技术规范 ISO/TS 23686：2022 为公司提供了更为具体的衡量优质服务，更准确地说是优质服务绩效的行动计划。基于"OKR（目标和关键成果）"方法，该技术规范的四章内容针对优质服务模型的每个维度提出了测量概念。这个准则可以帮助最高管理层使用这些指标对所有业务领域进行监控、改进和创新。衡量和监控优质服务方法和绩效不是一个静态的方法，而是一个动态的、不断发展的系统。这些指标及其应用应该定期评估，并在可能的情况下加以改进。该元素分为四个子元素：

（1）因果关系：为了确定优化优质服务活动和改善其结果的正确方法，公司应了解优质服务影响链元素的关键决定因素或指标及其内在关系。这应与包括供应商、外包商和其他合作伙伴在内的整个服务价值链组织共同完成。

（2）使用绩效指标：优质服务本身不是目的，其旨在增强公司的财务和非财务成果。因此，公司应使用一套适当的输入、过程、输出和成果指标来管理和优化优质服务理念。

（3）使用测量工具：公司应持续并客观地使用定性和定量测量工具。

（4）在运营、战术和战略层面使用指标：指标可以看作是评估优质服务的量化方式。这些指标应用于支持并促进组织积极的客服文化，将良好的实践发展为优秀的实践。此外，这些指标还应用于追踪是否达到预期的利益和目标，以及所达到的程度（ISO/TS 23686：2022）。

4. 小结

自 2021 年 6 月以来，ISO 23592：2021 成为第一个定义优质服务关键术语并描述优质服务原则和模型的全球标准。它为公司提供了一个"蓝图"，可作为优质服务实施指南。此外，应指出的是，将优质服务作为一种整体方法加以实施并不是一个短期内可以实现的愿望，也不是一个临时性的项目，而是一个更漫长的过程——与其说是一场短跑，不如说是一场马拉松。即使在成功实施后，也必须保持优质服务体系可持续运行并持续优化。

回想起来，ISO 23592：2021 的制定工作非常高效，因为工作组（ISO/TC 312/WG 1）能够借鉴在制定 DIN SPEC 77224：2011 和 CEN/TS 16880：2015 期间所做的密集的准备工作。此外，还能够显著扩大参与者队伍，使更多国家参与这项工作。因此，在优质服务领域进一步制定规范和标准的能力得到了提高。本书最后一篇文章提供了更详细的见解和展望，展望了优质服务未来的发展。

参 考 文 献

［1］Allen, J., Reichheld, F., Hamilton, B. and Markey, R. (2005). Closing the delivery gap, Bain & Company.

［2］Antonacopoulou, E. and Kandampully, J. (2000). Alchemy：The transformation to service excellence, The Learning Organization, 7 (1), pp. 13 – 22.

［3］Barnes, D. C. and Krallman, A. (2019). Customer delight：A review and agenda for research, Journal of Marketing Theory and Practice, 27 (2), pp. 174 – 195.

［4］Bowen, D. E. and Lawler, E. E. (1992). The empowerment of service workers：What, why, how, and when, Sloan Management Review, 33 (3), pp. 31 – 39.

［5］Caterpillar (2019). Our values in action. Caterpillar's code of conduct, https：//www. caterpillar. com/en/company/code-of-conduct. html, accessed 01/13/2022.

［6］CEN/TS 16880：2015 (2015). Service excellence：Creating outstanding customer experiences through service excellence, Brussels.

［7］Collis, D. J. and Rukstad, M. G. (2008). Can you say what your strategy is?, Harvard Business Review, 86 (4), pp. 82 – 90.

［8］ Crotts, J. C. , Dickson, D. R. and Ford, R. C. (2005). Aligning organizational processes with mission: The case of service excellence, Academy of Management Executive, 19 (3), pp. 54 – 68.

［9］ Den Hartog, D. N. and Verburg, R. M. (2002). Service excellence from the employees' point of view: The role of first line supervisors, Managing Service Quality, 12 (3), pp. 159 – 164.

［10］ DIN SPEC 77224: 2011 – 07 (2011). Achieving customer delight through service excellence, Berlin.

［11］ Eisawi, D. A. , Sekhon, H. and Tanna, S. (2012). Innovation as a determinant for service excellence in banking, International Journal of e – Education, e – Business, e – Management and e – Learning, 2 (4), pp. 336 – 338.

［12］ Fernandez, S. and Moldogaziev, T. (2013). Employee empowerment, employee attitudes, and performance: Testing a causal model, Public Administration Review, 73 (3), pp. 490 – 506.

［13］ Gallup (2022). What is employee engagement and how do you improveit?, https://www. gallup. com/workplace/285674/improve-employee-engagement-workplace. aspx, accessed 01/27/2022.

［14］ Goran, J. , LaBerge, L. and Srinivasan, R. (2017). Culture for a digital age, McKinsey Quarterly, July 2017.

［15］ Gouthier, M. H. J. and Rhein, M. (2011). Organizational pride and its positive effects on employeebehaviour, Journal of Service Management, 22 (5), pp. 633 – 649.

［16］ Heskett, J. L. , Sasser, W. E. and Schlesinger, L. A. (2015). What great service leaders know and do, Oakland.

［17］ Ho, W. (1999). Organizational transformation for service excellence in a public hospital in Hong Kong, Managing Service Quality, 9 (6), pp. 383 – 388.

［18］ Horwitz, F. M. and Neville, M. A. (1996). Organization design for service excellence: A review of the literature, Human Resource Management,

35（4），pp. 471 - 492.

［19］Hunt，B. and Ivergård，T.（2015）. Designing Service Excellence. People and Technology，Boca Raton.

［20］ISO 9001：2015（2015）. Quality management systems：Requirements，Geneva.

［21］ISO 10002：2018（2018）. Quality management：Customer satisfaction—Guidelines for complaints handling in organizations，Geneva.

［22］ISO 23592：2021（2021）. Service excellence：Principles and model，Geneva.

［23］ISO/IEC 20000 - 1：2018（2018）. Information technology：Service management—Part 1：Service management system requirements，Geneva.

［24］ISO/TS 23686：2022（2022）. Service excellence：Measuring service excellence performance，Geneva.

［25］ISO/TS 24082：2021（2021）. Service excellence：Designing excellent service to achieve outstanding customer experiences，Geneva.

［26］Johnston，R.（2004）. Towards a better understanding of service excellence，Managing Service Quality，14（2/3），pp. 129 - 133.

［27］Johnston，R.（2007）. Insights into service excellence，in：Gouthier，M. H. J.，Coenen，C.，Schulze，H. S. and Wegmann，C.（eds.）. Service excellence as an initiator，Wiesbaden，pp. 17 - 35.

［28］Kano，N.，Seraku，N.，Takahashi，F. and Tsuji，S.（1984）. Attractive quality and must-be quality，The Journal of the Japanese Society for Quality Control，14（2），pp. 39 - 48.

［29］Kraemer，T.，Weiger，W. H.，Gouthier，M. H. J. and Hammerschmidt，M.（2020）. Toward a theory of spirals：The dynamic relationship between organizational pride and customer-oriented behavior，Journal of the Academy of Marketing Science，48（6），pp. 1095 - 1115.

［30］Lambert，G.（2016）. Service with a smile，thanks to standards，https：//www. iso. org/news/2016/05/Ref2077. html，accessed 12/29/2021.

［31］Ludwig，N. L.，Heidenreich，S.，Kraemer，T. and Gouthier，M.（2017）. Customer delight：Universal remedy or a double-edged sword?，

Journal of Service Theory and Practice, 27 (1), pp. 22 −45.

［32］Parasuraman, A., Ball, J., Aksoy, L., Keiningham, T. L. and Zaki, M. (2021). More than a feeling? Toward a theory of customer delight, Journal of Service Management, 32 (1), pp. 1 −26.

［33］Rawson, A., Duncan, E. and Jones, C. (2013). The truth about customer experience, Harvard Business Review, 91 (9), pp. 90 −98.

［34］Schein, E. H. (2016). Organizational culture and leadership, 5th ed., New Jersey.

［35］Shah, B. and Greene, J. (2015). Liquid expectations. Consumers are setting a different bar for experiences, https：//www. fjordnet. com/conver- sations/liquid-expectations/, accessed 01/01/2022.

［36］Testa, M. R. and Sipe, L. (2012). Service-leadership competencies for hospitality and tourism management, International Journal of Hospitality Management, 31, pp. 648 −658.

［37］Ulaga, W. and Reinartz, W. J. (2011). Hybrid offerings：How manufacturing firms combine goods and services successfully, Journal of Market- ing, 75 (6), pp. 5 −23.

［38］Weitzer, M. and Weislaemle, V. (2021). Achieving positive hospi- tality experiences through technology：Findings from Singapore and Malaysia, in Thirumaran, K., Klimkeit, D. and Tang, C. M. (eds.). Service excellence in tourism and hospitality：Insights from Asia, Cham, Switzerland, pp. 133 − 147.

［39］Wirtz, J. and Lovelock, C. (2022). Services marketing：People, technology, strategy, 9th ed., New Jersey.

［40］Wong, A., Liu, Y. and Tjosvold, D. (2015). Service leadership for adaptive selling and effective customer service teams, Industrial Marketing Management, 46, pp. 122 −131.

第 4 章

优质服务的愿景、使命和战略

WISAG 的优质服务的战略锚定

迈克尔·莫里茨（Michael Moritz）

【摘要】

遵循优质服务的理念意味着将焦点放在顾客身上。WISAG 公司在这个概念上作出了决定性扩展：如果你经营着一个以人为本的企业，你必须首先培养好公司内部的良好关系，因为只有这样才能将员工的赞赏和喜悦传递给顾客。本章阐释了在 WISAG 公司中，哪些软性和硬性因素对于整体优质服务而言至关重要，其使用了哪些工具来实现这一目标，以及为什么这种承诺会带来经济上的成功。

1. 优质服务需要情感投入

"我们希望赢得顾客和员工的心。"对于第一次听到 WISAG 公司使命的人而言，可能会对这句话感到着迷或表示怀疑。着迷是因为公司的这个特定目标已经传达了一个高品质的标准，并承诺在情感基础上以顾客为导向。怀疑是出于正当的审慎性考虑：如何实现如此崇高的目标，尤其是除了顾客还涉及员工时？如何实现具有持久影响的质量标准？然而，家族企业 WISAG 的经验表明，制定这样的目标有意义，并且可以成功实施。毕竟，顾客满意度已成为一个基本标准，因此，很难将其作为公司的"形象代表"。相比之下，基于情感的使命旨在唤醒顾客的愉悦感从而使公司能够在不同需求下脱颖而出，从而进一步发展壮大并在竞争中脱颖而出——

前提是该使命需要被认真对待、真正实践并具有战略定力。

当公司是设施管理（facility management，FM）等行业的一部分时，这种方法尤其有趣，在这些行业中，与人相关的服务是核心，因此人们被视为社会人，而此时，深刻的转型过程使经济和社会处于悬而未决的状态。通过数字技术进行结构变革、工作转型，通过新形式的沟通进行变革以及气候变化造成的巨大压力正在引发多重不确定性，因此需要具有方向性和可持续性的反思。在过去的一到两年里，质量和价值思维已经逐渐成为各个层面的关注焦点。这一行动导向也包括社会关系的质量。"愉悦人心，赢得人心"这一战略目标需要信念和勇气。作为回报，它为企业提供了未来的方向和机会，使其成为强大的雇主品牌。WISAG 还更进一步，将员工明确纳入这一理念，这是有充分理由的。

在消费品行业，产品的价值主张可以通过广告传达和实现。而在服务行业，员工必须满足顾客的期望。从这种转变中可以得出的逻辑结论是，如果一家公司与其员工或顾客之间的关系不仅仅是满意，甚至是愉快的，这将引发彼此更大的幸福感和愉悦感，信任会增强。最终，员工和顾客对公司的忠诚度将得到加强——即使从长远来看也是如此。

特别是在快速变化和不稳定的时期，顾客越来越愿意更换供应商。因此，必须采取相应的应对措施：从仅基于购买行为的短期、交易型的顾客关系，转变为欣赏和学习伙伴的关系，培养一种建设性容错文化，始终如一并承诺规划的可靠性。当谈到创造愉悦、赢得员工和顾客的心时，优质服务的整体方法为其提供了实现这些目标的最优框架。

那么如何具体实现这个目标呢？在可衡量性、评估和推广方面有哪些可能性呢？在提出可能的解决方案之前，我们想要提前说一句：在这个过程中，态度比一本手册更重要。这意味着企业在这个背景下的文化决定了措施的有效性。

2. 创始人：优质的服务提供商

设施管理行业在德国具有重要的经济意义，但其重要性仍然被低估。在德国，设施管理行业的总增加值（gross value added，GVA）约为 1,350

亿欧元,是德国六大经济领域之一,仅次于汽车行业,甚至领先于机械工程行业(Thomzik,2018)。除了连续的增长外,它还表现出高度稳定性和抗风险的能力,即使在充满挑战的条件下也是如此。在"2021 年德国领先设施服务公司"的行业排名中,WISAG Facility Service Holding 2020 年以 11.769 亿欧元的销售额排名第三。该公司拥有约 31,300 名员工,是德国设施服务市场最大的雇主(Lünendonk,2021)。

WISAG Facility Service Holding 的核心业务是为商业、基础设施和住宅物业以及健康和社会保健设施提供技术和基础设施服务。其业务范围分为设施管理、建筑服务、清洁、安全和服务、餐饮、园艺和景观维护以及咨询和管理等。

自 20 世纪 60 年代中叶克劳斯·维瑟(Claus Wisser)创建 Wisser 各家公司以来,尽管各公司业务独立,但均提供建筑基础设施和技术服务。顾客越来越倾向于选择更加集成和捆绑的服务。1993 年,WISAG Service Holding 将集团内所有单独的公司集合在一起;1996 年,设施管理部门成立。多年来,WISAG 已发展成为德国领先的综合服务提供商之一,分为三个独立业务单元:航空服务、设施服务和工业服务。

多元化是 WISAG 的一个决定性因素。公司员工来自 100 多个不同国家(地区);各个业务部门和地区拥有独立的公司,整体业务高度分散。顾客结构和顾客群不同——在设施服务领域,从专科诊所到购物中心,每个顾客都有独特的要求。公司的服务组合全面而丰富,但会根据具体情况进行调整。

WISAG 的独特之处在于其创始人克劳斯·维瑟是一个优质服务领域的专业人士。他对于服务的定义是——总是要做超出实际需要的事情,并且乐于为顾客提供服务,这仍然是公司内在价值观的基石。克劳斯·维瑟不仅是 WISAG 的创始人,也担任了多年的管理委员会主席。他建立了一种企业文化,承诺"欣赏引领价值创造"。这种文化注重尊重和赞赏员工,相信通过赞赏,员工能够充分发挥他们的潜力,并且更加勇敢地开拓新的道路,目的是能够迅速应对变化并在复杂的环境中保持行动能力。

3. 运营:关系,参与和愉悦

多年来,WISAG 一直在科学地制定其优质服务战略,并依托三个强大的支柱：第一，具有可信角色模型的企业文化，专注于以顾客为中心和一致的关系管理；第二，高度投入且全身心投入公司的员工，通过有效参与得到提升，这些员工能够带给他人愉悦；第三，一系列服务遵循的原则是：你承诺什么，就必须兑现，并始终以自愿的额外措施来达成"赢得顾客心"的服务目标。

3.1 公司文化：价值观和使命

设施服务市场具有高度竞争性。因此，明确的定位有助于巩固自身的市场地位。为此，WISAG 在大约十年前的密集研讨过程中，制定了企业使命宣言。当时共征询了 80 余名经理、2,000 余名员工、约 350 位现有顾客及 60 余位潜在顾客以及行业专家和供应商的意见。此外，还多次举办员工研讨会，并进行市场及竞争对手分析。该使命宣言的核心目标是让员工和顾客满意，赢得他们的心。这一整个制定使命宣言的过程以及所获得的洞见，构成了公司现今优质服务战略和实施的基础。

除了使命宣言之外，通过可靠的品质管理（特别是遵循 DIN EN ISO 9001 标准），确保公司始终维持高质量的产品和服务。这张品质管理的证书是重要的基石，能增强员工对顾客导向和品质的认知。WISAG 已经建立和完善了相关的流程和品质管理原则。然而，ISO 9001 证书已不再具有竞争优势，它已被视为业界的标准，因此，它不能作为面向未来的管理工具独立发挥作用。

3.2 一个企业的辉煌来自内在

道理很简单：要想打动别人，就必须要知道如何打动别人。必须要对所打动的人有真诚的兴趣，对他的期望和喜好了如指掌。必须了解对方的想法和行为。WISAG 的创始人克劳斯·维瑟精确地知道，用早晨送面包卷的方式可以打动谁，而这一切主要并不在于促成下一笔交易。相反，这与培养关系、细心合作、使双方都感到舒适有关！

优质服务关注顾客的视角。然而，WISAG 决定性地扩展了这一方法。如果你经营一家以人为本的企业，第一步是与自己的员工建立和维护良好的关系。只有这样，才能在与顾客的工作中反映出赞赏和喜悦的态度。这种企业文化包括一种以身作则的管理方式。可信的角色模型增强了公司内的共同认同感。每天所示范的行为显示其积极效果，通过真实性来说服人，并因此更容易理解和采纳为行为规范。

WISAG 公司的企业文化还包括对于与顾客和员工合作的独特理解。它致力于加强员工对公司的基本认同感的目标，一个关键的成功因素是员工拥有巨大的独立行动空间。员工因此感到自己属于一个团体，并对自己的雇主感到自豪。同时，参与公司发展过程的顾客也感到自己被倾听、被认真对待，并获得明确的行动范围。这为相互之间的"善意"创造了基础，涵盖了对于投诉的有效处理，并培育了一种尊重并接纳错误的文化。在最好的情况下，服务提供商和顾客之间可以建立合作伙伴关系，实现双方的协同效应。

"对于优质服务的概念来说，企业文化至少与战略和一系列工具一样重要。如果没有全体员工的正确心态，最佳措施就无法发挥作用。这意味着只有良好的内部关系才能向外辐射光芒。"

——迈克尔·莫里茨，WISAG Facility Service Holding 公司董事总经理

3.3　关系：无论是好是坏

无论是足球、婚姻、政治、朋友、员工还是顾客，良好的关系需要先发展再培养，不能仅是表面上的。如果希望它们在顺境和逆境中持久存在，就必须确立深厚的根基。对于密切关系建设的投入是值得的。一旦你赢得了一个顾客，无论订单多小，你都可以期待与他们再次合作，并逐步扩大合作。尽管为保持顾客关系而进行持续而个性化的努力代价高昂，但它往往比获取新顾客所需的努力更有效。优质服务不仅有助于增强顾客忠诚度，也能实现顾客忠诚度的目标。

这同样适用于员工的留存。建筑相关服务市场的波动性相对较高，员工的变动通常也会导致信息流动不畅并造成损失。因此，让员工在公司中感到满意并长期留住他们非常重要。WISAG 的顾客喜欢熟悉的联系人，稳定性创造了可靠的伙伴关系。人员低流动率提供了另一个优势：那些能够通过明确的员工招聘和留住员工的理念在市场上取得优势的设施服务提

供商，如今将在劳动力短缺和技术工人短缺的市场中占据先机。

3.4　优质服务的发展体系

为了实现"赢得顾客心"并始终为顾客做更多努力的服务目标，WISAG 制定了自己的发展体系。企业文化因素，即所谓的"软性因素"（沟通、说服、取悦和赢得人心）与运营因素一样重要。它们之间是紧密关联的，下文会对此进行描述。重要的是强调"耐心才是当务之急"。优质服务不是一个绝对状态，而是需要持续的承诺。每一步都很重要，即使是最小的一步。聚焦可以带来更多成果，而不是一次性解决所有问题。

3.4.1　通过深入培训加强沟通

有一句著名的谚语："重要的不是你所说的话，而是你说话的方式。"人们相互交流的方式、是否以及何时交流对结果有着显著影响。它是否连贯并且令人愉悦？它是否邀请你继续沟通？在 WISAG 中，沟通对于优质服务至关重要。这个主题在公司的全面培训计划中得到了广泛覆盖，其中教授了成功沟通技巧的基础知识。目标是在整个德国范围内（尽管公司分散）以统一、专业的标准进行运营，并不断提高沟通质量。此外，还有许多培训项目旨在教育员工始终专注于顾客的观点。

培训计划的总体目标是在员工中培养强烈的自我意识和自信心。在 WISAG 工作的人有很多个人发展的机会，他们也有足够的自由去做出自己的决策。通过个人资格的提升，有助于增加员工的动力，并在公司内部培养领导者。

3.4.2　如何衡量喜悦

当所提供的服务质量恰当并且承诺得到履行时，顾客会感到满意。当顾客的体验带来惊喜时，也会产生愉悦感。

在这种情况下，如何评估不同措施的影响和成功呢？顾客的需求必须是具体的，识别出令其兴奋激动的时刻至关重要，尤其是在与顾客互动的接触点（见图 4 - 1）。毕竟，只有那些能够被积极且有条理地记录下来的顾客体验，才能进行评估、调整和改进，所有的努力，都是为了实现"赢得人心"这一服务目标。

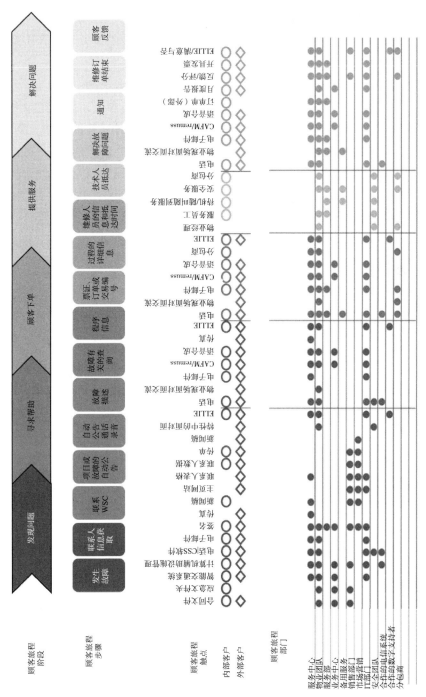

图4-1　触点矩阵

这里的主要挑战是考虑到习惯效应。毕竟，坚持不懈的原则是适用的："一次性的愉悦"还不足以塑造高品质的服务。额外服务只有在不变成标准化服务的情况下才能保持其令人惊喜的品质。

- 系统性反馈

WISAG 开发了多种工具，通过员工和顾客的全面参与，持续记录和分析反馈。自那以来，评估系统一直作为持续收集顾客反馈的关键工具。优点是可以系统地评估公司内各种关系的现状。然而，更重要的是，可以及时识别变化和发展动力。因此，总是可以得出行动建议，以实现期望的目标。WISAG 的评估系统基于两种方式：问卷调查和实地考察。

- 问卷调查

对于这份调查，我们根据目标群体创建了针对顾客、经理和员工的问卷。所有调查都是每年进行一次。

问卷调查记录了顾客对 WISAG 的价值观和愿景的感知和体验。例如，可持续发展的承诺是否受到认可？是否赢得了顾客的心？调查还确定了哪些因素对顾客满意度产生强大的影响（见图 4-2）。这些所谓的"驱动因素"在下一步调整行动领域方面起着决定性作用。

在回答"WISAG如何让你愉悦？"这个问题时，文本字段中最常见的评论是：

可靠性
灵活性

专业性

友好度和解决方案建议

让顾客愉悦的三大原因

图 4-2 WISAG 顾客愉悦的核心驱动力

360 度反馈法记录了 WISAG 经理在其工作环境中的感知以及他们如何

根据企业价值观履行自己的以身作则职能。对主管、同事和员工进行调查，以全面了解他们的情绪，从而创建一个全景视角。

最后，WISAG 公司每年都会以匿名调查的形式，确定各个公司员工的情绪状态。那么实际的满意度有多高呢？在年度调查中，哪些因素会成为满意度的驱动因素？当然，调查结果也可以用来判断 360 度反馈法得出的措施是否达到了预期目标。员工调查和主管调查之间形成了反馈回路。上述的三个调查作为标准化的流程，为 WISAG 公司质量保证和发展奠定了基础。整体而言，优质服务需要公司所有部门都专注于让顾客和员工感到满意。

- 实地考察

除了问卷调查，WISAG 还抓住机会在现场直接获取反馈并获得真实印象，并为此使用了两种不同的方式。这两种方式都旨在增强对顾客的关注。

先是对顾客触点开展飞行检查，即未经事先通知的访问，并以此作为质量控制的工具，使 WISAG 能够直接"透过顾客的眼镜"评估其服务。在即兴访问期间，可以通过与顾客接触点"实时"体验和评估物业所提供的服务质量。目标是在不需要团队事先为一次"传统的审核"做准备的情况下，突出员工的优势并分析他们的弱点。

主管在顾客物业服务中的存在：经理作为榜样的特定职能是 WISAG 企业文化的重要组成部分。经理定期亲自访问由 WISAG 管理的物业。一方面，这些访问体现了对物业经理及其团队在现场表现的赞赏和尊重；另一方面，个人交流可以非常有效地发现问题，并共同讨论改进机会。

3.4.3　自由促进增长和愉悦

我们如何创造愉悦？它的驱动因素是什么？神经生物学研究表明，只有在学习过程中深入人心，并且不仅需要认知上的刺激，还需情感上的刺激，所学的知识才会留在记忆中（Zendesk，2021；Dunsmoor et al.，2015）。这个想法在顾客和员工关系中同样奏效，此处，我们可以定义和利用愉悦的驱动因素。WISAG 进行的全面调查已经确定了各种驱动因素，可以增加员工和顾客的愉悦感。公司每年的调查节奏保证了对该方法的定期审查和调整。

顾客对以下方面感到愉悦：

- 员工的主动性

- 沟通透明度

- 不断提高质量以及员工对工作的乐趣

员工对以下方面感到愉悦：

- 定期了解顾客需求的沟通
- 进一步的发展机会
- 以身作则起榜样作用的主管

脑部研究证实，愉悦有助于人们发挥潜力。当人们感到与社群有联系，同时也感到自身有自由发展空间时，这个过程最有效。WISAG 在设施管理服务提供商中拥有独特的卖点：为员工提供足够的创造性自由，使其能够在靠近顾客的现场做出决策和行动。这种自由促进了员工之间的创意发展。对于顾客而言，这增强了他们与公司合作时基本上有选择权的确定性，从而可以对公司产生积极影响。

3.4.4 赢得人心：惊喜留下深刻印象

人类是习惯性动物，打破根深蒂固的流程、工作方法或思维模式并不容易。然而，任何想要生成新想法来进一步发展与顾客和员工的良好合作关系，特别是设计惊喜时刻的人都需要一个创造性的过程。

服务设计和设计思维是已经确立的概念，通过结构化的反思产生令人兴奋和实用的结果。乐高玩具有时被用来展示创意过程。WISAG 利用这些概念为顾客开发具有惊喜潜力和高附加值的服务措施。

通常，员工积极参与创意开发能够带来积极的效果。毕竟，员工在日常工作中亲身接触顾客，因此最能预测顾客的需求。开发出的创意可能并不大，但仍然能够产生重大影响。

- 案例

——一个简单的标识

能否识别故障并迅速找到合适的解决方案是顾客满意度的关键评判标准。在故障点的接触处放置一个简单的标识，表示我们已经发现了问题并正在快速处理（例如"检测到故障，已经下单更换"），能够快速且明显地传达出 WISAG 团队已经采取行动的信息。这是一种增加透明度、让顾客感到安心和愉悦的简单方式。

——金点子大奖

"金点子大奖"（the sledgehammer）的概念是 WISAG 公司设施管理部

门为公司建议开发的（见图 4 - 3）。一个原创的名字非常重要，因为它能促进情感上的连接。WISAG 将"金质大锤"授予在一年内提出最佳想法的地区。此外，排名前三的想法，也就是"金点子大奖"获得者，每年都会被授予奖品。提交的想法来自不同领域，如职业健康与安全、顾客满意度、流程、员工满意度等。由员工和管理层组成的评审团会评估这些建议，例如基于其潜力、实施情况以及定量和定性效益等方面进行评估。非现金奖品也是这一概念的重要组成部分。

创意经理检查　　　小组评估　　　奖励　　　部门审核　　　实现
　　　　　　　　　（思想交流圈）

图 4 - 3　金点子大奖

——能源奖

能源奖使得 WISAG 公司能够更充分地利用其专业员工在能源管理方面的高水平专长，以便于更好地造福顾客。能源奖定期表彰节约能源的想法，并将其作为公司"最佳实践"的一部分进行内部发布和传播，对新想法的广泛认可推动了进一步改进。通过这种方式，企业员工可以共同努力，为顾客提供持久的、高质量的服务，为他们带来明显的附加价值。

——ELLIE——通过聊天机器人加快响应时间

透明和以解决问题为导向的沟通是至关重要的因素，特别是在与顾客直接接触的界面中。目标是让顾客能够直接联系到正确的联系人。这一意图确保顾客在提出问题、提出想法或批评时感到自己的问题得到了妥善处理。

数字化转型正在改变沟通方式。全面连接和增加的沟通和互动可能导致对服务期望的不断提高（Zendesk，2021）。两年前，约三小时的响应时间被视为快速和服务导向，如今有时候期望实时回应。这个发展意味着在设施管理领域实现高品质服务的门槛也非常高。顾客越来越希望与服务提供商的沟通方式与他们在日常环境中的沟通方式相似，都是直接、移动和互动式的。

WISAG 实现了这一期望，并成为设施管理领域中第一个积极部署聊天机器人以加快响应时间的服务提供商（见图 4 - 4），ELLIE 能够通过聊

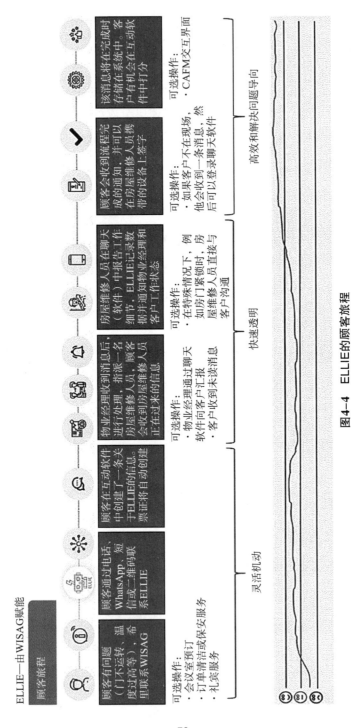

图4-4　ELLIE的顾客旅程

天直接回应顾客的询问。该系统支持移动访问，可以接收消息或对于额外服务的请求，对问题进行分类，并直接向顾客提供反馈。

WISAG 的顾客对 ELLIE 的反馈非常积极，称赞其提升了公司的透明度和可访问性。

3.4.5　变革是新常态

例行公事意味着创造力的终结，尤其是愉悦的终结。因此，优质服务的概念在不断调整中蓬勃发展。这是因为一般条件和顾客需求是不断变化的，公司的方法、顾客和员工的期望和愿望，以及在这方面采取的措施都需要不断进行审查和调整。这一认识也强调，高度的变革意愿是优质服务的关键成功因素之一。

4.　结论

首先，"赢得人心"这一宏伟的服务目标是可以实现的；其次，它对一个公司，尤其是对那些人员密集型的设施服务行业来说，具有非常显著的优势。在这方面，公司文化的决定性因素是重视和培养关系，并从顾客的角度出发。WISAG 在这方面更进一步，宣称"只有那些通过参与和获得个人资质，在公司中感到舒适，并拥有必要的自由在现场做出自信决策的员工，才有能力和意愿让顾客感到愉悦。"如果没有员工正确的态度，很多措施将无效。简而言之，即公司"从内部发光"。这种独特的辐射使公司在竞争激烈的市场中成为一个强大的雇主品牌，并从竞争对手中脱颖而出。

从这个角度来看，优质服务的整体概念为培养一种取悦顾客和员工的态度，以及提供适合的工具，为在公司实现可持续实施创造最佳的框架条件。因此，这一概念能够确保经济上的成功，并在动荡时期为公司提供明确的指导方向。

在此，非常感谢 WISAG 楼宇服务控股公司的质量、服务及流程管理负责人娜丁·施佩希尔（Nadine Speicher）。她的专业知识和投入为本书提供了很多帮助。

参 考 文 献

［1］ Dunsmoor, J. E. , Murty, V. P. , Davachi, L. and Phelps, E. A. (2015). Emotional learning selectively and retroactively strengthens memories for related events, Nature, 520, pp. 545 – 548.

［2］ Lünendonk ⓒ (2021). Studie zum deutschen Facility – Service – Markt ［Study on the German facility service market］, Lünendonk & Hossenfelder GmbH, Mindelheim.

［3］ Thomzik, M. (2018). Branchenreport Facility Management 2018. Die volkswirtschaf tliche Bedeutung der Facility – Management – Branche ［Industry report facility management 2018. The economic significance of the facility management industry］, Institut für angewandte Innovationsforschung (IAI) e. V. an der Ruhr – Universität Bochum, Deutscher Verband für Facility Management (GEFMA) e. V. , Bochum.

［4］ Zendesk (2021). Zendesk Trends Report, https：//www. zendesk. com/blog/zendesk-sales-trends-report – 2021/, accessed 01/11/2022.

第 5 章

领导力和管理要求

践行优质服务：TeamBank AG 成功的秘诀

克里斯蒂安·波伦茨 (Christian Polenz)

萨宾·博恩森 (Sabine Börnsen)

【摘要】

优质服务不能简单地套用到一家公司。它就像一棵植物，需要呵护和照料，需要时间成长，且只有在正确的工具和适当的照料下才能成熟。换句话说，优质服务的理念必须成为公司基因的一部分，才能产生持久的效果。本章以 TeamBank AG 为例，阐明了这样一条道路，给出了优质服务的理论方法和影响的具体示例。

1. 在金融行业和 TeamBank AG 中优质服务的重要性

- 数字化作为行业变革的驱动力——行业界限正在打破

我们的生活正在各个方面变得越来越数字化，无论是冰箱的智能化控制、购物清单，还是购买和旅游行为，甚至是数字疫苗接种证明。新冠疫情更是加剧了这一趋势。许多技术设备和可能性在疫情之前人们可能从未考虑过，现在却被视为理所当然。

这一趋势也对金融业，特别是其信贷部门产生了持久的影响。通过智能手机进行非接触式支付、在线分期购买以及在当地银行或通过视频获得数字化个人建议只是其中的几个例子。然而，这些创新许多都源于金融业之外，积极的体验和便利化正成为顾客对所有行业的普遍期望。

- "银行业是必要的，但银行不是"

"银行业是必要的，但银行不是"是比尔·盖茨在1994年的一句名言。新的竞争对手，如科技公司或金融科技公司，越来越多地将这一理念付诸实践，并直接在客户界面提供个性化的银行服务，尤其是那些拥有广泛的客户群并结合了数字商业模式的公司，如亚马逊、谷歌或苹果。例如，亚马逊除了其传统的市场平台外，还成功地为其顾客提供了广泛的服务，如亚马逊Prime、视频、音乐、Audible以及自己的亚马逊支付服务。这些服务为传统银行创造了新的市场环境，需要它们越来越多地与顾客建立类似的紧密关系。

然而，这种系统性变革的答案是什么呢？传统银行如何在未来继续成功竞争？事实上，变革是无法阻止的，而应该将其视为机会。

- 顾客愉悦成为差异化要素空间

信任是虚拟和非虚拟顾客关系的基础。近年来，将基于信任的关系转移到网络世界并使其具有可触摸性，是银行决定性出发点之一。如果其还设法通过提供优质的服务体验，特别是当顾客面临挑战时，就有可能在市场上脱颖而出，在未来取得成功。

尤其是对于"虚拟"商品和服务，如贷款或电力，拥有与顾客相关的差异化特征，不仅有助于赢得他们的信任，还能长期留住他们。最重要的是，这可能是一种优质的服务，可以让顾客亲身体验并为其提供实实在在的价值，这是竞争对手所无法提供的。顾客希望他们的需求得到认真对待，并希望得到平等的对待——而不是作为恳求者。特别是在匿名的数字世界中，知名企业既有机会也有挑战，可以将个人客户关系转移到线上并维持下去，同时使顾客保持愉悦。在TeamBank AG的情况下，这种转移与合作金融网络（Bundesverband der Deutschen Volksbankenund Raiffeisenbanken，无确切时间）的价值观相匹配，这些公司的员工在这种类型的差异化中发挥着基本作用。企业文化以及所有员工始终从顾客角度思考的态度是先决条件，总的来说，这包括始终关注各级别的优质服务——从实习生到管理委员会。

2. TeamBank AG——合作金融网络中现代流动性管理的业务中心

　　TeamBank AG 是德国合作银行现代流动性管理的业务中心，其提供的德国的易贷（easyCredit）分期贷款、奥地利的公平贷（faire Credit）以及易贷提供的无缝支付程序 ratenkau 等产品使其备受赞誉。TeamBank AG 起源于 1950 年，自 2003 年以来，该金融机构成为 DZ BANK AG 的子公司，因此是 Volksbanken Raiffeisenbanken 合作金融网络的一部分。[①] 对于所有产品变种，顾客可以根据个人偏好，在当地分行通过电话、应用程序、视频聊天或在线咨询享受咨询服务。这个创新产品和服务网络为顾客提供了数字化解决方案，从而随时随地获取流动性。TeamBank AG 的产品在德国九成以上的合作银行和奥地利三分之一以上的合作银行都可获得（TeamBank AG，2021a）。

3. 优质服务——是"独立存在"还是整体战略的一部分

- 管理哲学还是口号——将愿景变为现实

　　然而，以顾客为中心的态度不会一夜之间形成。仅仅在短期和中期内以顾客为导向并追求它是不够的。公司能否持续实现以顾客为中心的表现主要取决于这种态度是否贯穿整个公司——从其愿景和使命到业务策略和管理逻辑。

　　在 TeamBank AG，顾客是愿景的核心。这个愿景代表了公司所期望的未来形象，雄心勃勃但也现实，它为内部提供了明确的目标，并作为一项

---

　　① 译者注：Volksbanken Raiffeisenbanken 是德国的一家合作银行联盟。它由多个合作银行组成，包括 Volksbank 和 Raiffeisenbank。这个联盟的目标是为社区和农村地区提供综合金融服务，并通过合作与共享资源来增强其成员银行的竞争力。它的成员银行是相互独立的，但彼此之间共享品牌、技术和业务支持。

行动指南："为我们的顾客创造无忧无虑的生活。"作为对愿景的补充，TeamBank AG 的使命展示了公司的立场，并回答了"如果我们的公司不存在，世界会失去什么"这个问题："凭借未来可靠的技术和优秀的团队，我们让顾客感到愉悦……"（TeamBank AG，2021b）。

TeamBank AG 一直将服务理念同时融入到银行的战略和日常运营中，即使是那些没有直接接触顾客的部门，也考虑到了这一理念。这个过程已经进行了多年，并始终坚持以顾客为中心——从产品开发、咨询、销售到售后服务。此外，这是一个必须被认真对待并在公司的各个层面上实践的过程。因此，这是管理哲学的重要组成部分——只有这样才能转化为公司文化的一部分，并成为公司 DNA 的一部分。

实现优质服务的意愿不仅应该体现在公司的思维方式上，更重要的是要体现在日常行动中。因此，它成为一种管理过程，需要设定目标，进行测量，并进行持续的反馈和改进。除了关键指标如净推荐值（net promoter score）之外，外部审查也是有用的工具。例如，根据 DIN 标准（DIN SPEC 77224：2011）进行的优质服务认证，或者未来根据 ISO 标准（ISO 23592：2021）进行的认证。对当前情况的中立评估为公司提供了动力，使其能够不断挑战自己的思维和行动，检验流程，并在考虑顾客利益的基础上进行调整。

最终，决定一家公司是否成功的还是市场和顾客——而不是公司自身，这也同样适用于 TeamBank AG。

4. 思维方式和文化——顾客愉悦度反映了公司的基因

- 基于合作价值观的创业活动

除了愿景、使命和公司战略，公司的价值观是持续留住顾客和确保优质服务的第四个重要组成部分。

TeamBank AG 的企业文化牢固地融合了合作价值观的体系。作为 Volksbanken Raiffeisenbanken 合作金融网络的成员，TeamBank AG 致力于合作价值观，如团结、公平、伙伴关系以及对其成员和顾客的支持。这种专注于可持续促进其成员的思维方式塑造了公司对于优质服务的理念。它为向高质量服务和顾客导向的投资提供了空间，总体的基本理念是：持久的顾客愉悦能够带来可持续的经济成功。

- "诚信的商人"——合作价值观对 TeamBank AG 的意义

价值创造价值——对于 TeamBank AG 来说，"诚信的商人"是其可持续和负责任企业政策的指导原则。该银行的行动与这一指导原则保持一致——日复一日。"我们公平，我们简化，我们注重个性化和懂得感恩，我们是一个团队"是 TeamBank AG 的座右铭，象征着多年来银行作为一个有吸引力和多次获雇主奖的企业所具有的独特企业文化。特别是公平和合作的基本理念构成了其高度的顾客导向的基础，以感恩互动和简单的解决方案来维护顾客的利益（Bundesverband der Deutschen Volksbanken und Raiffeisenbanken，无日期）。

- "向最佳者学习"——学习文化和借鉴历程

然而，仅知道想要实现的目标还远远不够，还必须每天解决"如何实现"的问题。有什么比从最佳者身上学习"如何实现"并把这些知识应用到自己的行动中更好的方法呢？

出于这一原因，几年来针对管理层和员工开展了年度学习旅程，主要是参观非金融类的企业。这些企业以其优质的成就而闻名，比如企业文化或顾客愉悦感等。以 zappos 为例，这是美国一家时尚的在线零售商，拥有以整体和合作原则为基础的独特企业文化，尤其是拥有全球最高的净推荐值。这家企业甚至帮助顾客从其他公司购买商品，使顾客愉悦是他们的主要目标。这一流程为他们的顾客带来很多惊喜，他们没有想到会获得这种支持。TeamBank AG 把这一经验总结为所谓的"wow 卡"。服务人员通过给顾客发送个性化、手写的卡片作为电话联系的后续。通常情况下，每个顾客联系人都有机会使用这种卡片，比如因结婚而更改姓氏或因病导致财务困难等各种问题。通过手写个人卡片来处理意外事件，更重要的是展示背后的人性化服务，在电话联系的后续跟进中给许多顾客带来惊喜，并引起持续的积极反应。

- 员工——团队的差异

学习之旅提供的关键洞察力既平凡又具有挑战性。员工的文化、心态和行为使得优秀的公司变得更加突出。

TeamBank AG 在这方面的情况如何呢？团队导向是公司基因的一部

分，而不仅仅是因为公司名字中有"TeamBank"。员工在现代环境中有很大的自主行动空间。同事们是杰出团队中的创业合作者。因此，有很多机会去设定个人优先事项，并在新的工作领域中使自己专业化。由于扁平化的层级和快速的决策流程，每个员工都可以随时对项目负责并推动项目的发展。

开放和活跃的企业文化使得员工之间可以保持专业上的亲近感，让沟通变得更加容易。重点是员工的专业知识，用名字称呼彼此是他们之间互动的特点（简单解释一下：在德国，通常使用姓氏进行称呼，这在工作环境中创造了更正式的互动）。在每年举办两次的 TeamBarCamp 上，员工可以提出自己正在从事或希望从事的主题，并一起投票决定他们认为哪些主题是相关的并应该被展示，一个例子是销售管理部门的一位员工就"幸福"这个主题进行了演讲。交互式的形式，例如圆桌会议也鼓励大家直接向团队提出问题或分享想法，就像他们直接向董事会和管理层提出一样——这在银行员工活动中并不常见。

这种团队导向也反映了该银行的一个共同企业目标。所有 TeamBank-ers 不是以个人目标为衡量标准，而是以三个同样重要的组成部分为衡量标准——首选、投资组合和税前利润。关键的"首选"主要是通过净推荐值来反映顾客满意度。净推荐值在整个顾客流程中每月进行测评，并向所有人公开。通过这种方式，内部审计员、IT 软件开发人员或执行董事会成员的行动也以顾客满意度为衡量标准，从而强调了优质服务的可持续性导向。

5. 具体说明：如何解读价值观

- 优质服务导向的内部影响——践行和体现价值观

从长远来看，银行优质服务导向对员工产生的积极影响也可以观察并衡量，员工满意度以及每年调查的敬业度指数反映了团队内部的高满意度以及对自己日常工作的投入程度。为了将新的动力不断融入工作中，除了已经提出的议题，如 TeamBarCamp 或"直呼其名"文化等，公司还对传统的管理工具进行明确的质疑、修订和改进。例如，总部没有"着装规定"，这对银行来说是不常见的。此外，差旅费用指南已被取消，没有其他替代文件。公司按照"出差要适当"这一指导原则，将责任转交给员工，完全符合人性化的正面形象。公司作为信任一方迈出这一步是不能被视作理所当然的。自然，对于做出改变始终会存在一些保留意见和不确定性，放手和放弃控制不是一件容易的事。令人欣喜的是，差旅费用没有增加，甚至略有降低（在新冠疫情出现之前）。负责任的态度清晰可见，这为进一步的责任转移提供了基础。

- 这不是"换上顾客的眼镜"，而是通过顾客的视角来看待问题

为了积极采纳顾客的观点，TeamBank AG 越来越多地使用设计思维的方法和原则，积极地让顾客参与到新的发展过程中。除了传统的顾客调查概念外，还有定期邀请真实顾客参与创意开发和反馈的顾客会议；一些员工明确选择自己感兴趣的主题并提出解决方案，在 TeamBarCamp 上分享他们的经验，并将其融入日常工作；在项目中，也已经确立了"家人和朋友"阶段，即与合作伙伴和其他银行进行意见交流等。每一份反馈和经验都是一份礼物，尤其是批判性的反馈。

- 将"无忧"的哲学理念转化为顾客及合作伙伴对话服务的思维及行动

将客户至上的思维方式转变为现实的一个具体实例就是我们的客户和合作伙伴服务中心所提供的"一站式解决方案"和"100＋1"。大约四年前，员工们开始努力使"无忧"的愿景成为客户真实的体验。在这个项目之前，我们经历了多次学习。这些学习经历，加上员工自身的客户服务经验成了我们的起点。而我们需要解决的核心问题是：当客户联系 Team-Bank AG 时，他们真正想要的是什么？以及如何在第一次接触客户时就直接解决这些问题？

因此，顾客服务侧重于顾客请求的"原因"。换句话说，目的不是仅仅直接并尽可能快地落实暂停付款的需求等，而是理解顾客为什么有此需求。这个需求背后到底是什么问题？通过与顾客的对话，员工与顾客一起评估这是否是解决问题的最佳方式，或者是否有其他选项可以更好地解决顾客的问题。银行与顾客一起寻找并发现最有前景的解决方案。根据"一次接触，即刻解决"的精神，在首次联系时找到解决方案至关重要。

这项主张对日常工作产生了哪些影响？这种方法的基础是员工对产品和服务有广泛而全面的认知，并且还具备利用这些知识的能力，换句话

说，他们被赋予了更大的自由度，并能够根据这些知识行事。因此，电话通话的平均时长和标准化的通话指南等规范已经被废除。"通话时间取决于需要"的指导方针并不一定是标准的市场做法。

同样重要的是与顾客的平等交流。因为即使在服务背景下成本经常没有明确讨论或定价，顾客也不只是为产品付费。合同签署前提供的服务，尤其是签署后的服务是顾客整体体验不可分割的一部分，并创造了持久的顾客满意度。通过提供这些整体解决方案，银行扩大了培训课程的范围和强度。一些全职内部培训师会持续地、单独地陪伴团队，并为真实的顾客会议反复提供反馈和动力——这是一种日常的"在职培训"形式。

这两个组成部分——顾客需求如何被处理和员工有怎样的授权与行动自由——加在一起会产生更加积极的顾客体验，这种体验被顾客以忠诚回报，这是一种中期内会给公司带来回报的未来和顾客忠诚的投资。在TeamBank AG，这一指标就是所谓的净推荐值（NPS）。

● 净推荐值：客户和服务导向的经济评估指标

净推荐值（NPS）是一个关键指标，反映了消费者推荐公司给他人的意愿，能够提供有关顾客满意度和忠诚度的信息。许多不同行业的公司已经在全球范围内使用这种测量方法，这使得它们更容易在这个关键指标上与亚马逊等新竞争对手竞争。净推荐值通过使用简短、标准化的调查（两个问题）来进行测量，应用NPS的11分制（从非常不可能到非常可能）。第一个问题要求顾客对他们推荐公司的可能性进行评分。一般来说，根据给出的分值，受访者被分为批评者、被动满意者或推广者。所有反馈的计算结果（推荐者百分比 - 贬损者百分比）的比率可以在 - 100 ~ 100。第二个问题询问评估的主要原因，并说明哪些方面进展顺利，哪些方面有改进的潜力。国家公园管理局每天都会通过电话进行调查。

当然，关注优质服务需要时间和金钱，但对员工和顾客都是有回报的。每次接触后，应询问顾客："我是否解决了您的问题？"最近几年，首次解决率显著增长，平均达到90%。这些积极影响可以通过净推荐值来衡量。此外，在后台也能明显感觉到这种积极变化，因为客户咨询后，我们需要重复做的工作也减少了。例如，自2017年以来，TeamBank AG 的净推荐值在整个顾客流程中显著提高了9个点，从39上升到48（见图5-1）。TeamBank AG 的目标是继续沿着这条路坚定地前行。

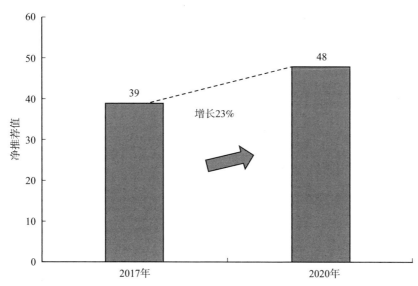

图 5 - 1　自 2017 年以来，净推荐值增长了 23%

资料来源：TeamBank AG，2021b.

- 新冠疫情大流行对净推荐值的影响

2020 年春季，席卷德国和世界其他地区的新冠疫情并没有放过信贷行业，它甚至加剧了数字化及其后果等现有趋势。一般来说，在这样的时期，一个公司可能会减少其提供高品质服务的力度，因为其会产生费用——然而，这是错误的做法。

即使在危机期间，灵活分期付款计划变更的请求在高峰期增加了两倍，该银行的 NPS 仍然较上年有所改善。TeamBank AG 顾客对该银行在新冠疫情大流行期间提供的服务大多给予了积极评价，说明在这个背景下，特别是在金融困境时期，TeamBank AG 提供的援助得到了认可。然而，最常被引用的积极和消极评估的原因并没有因为新冠疫情危机而改变。正面评价包括快速支付和处理、良好建议和直截了当。

- 在新冠疫情时期，优质服务的重要性在困难时刻表现出来。

即使在大流行期间，普遍的信任文化仍然是公司的一个强大支柱。在 2020 年春季的第一次封锁期间，高达 98% 的 TeamBank AG 同事日复一日地居家办公。之所以能够采取这一措施，是因为所有 TeamBank 员工多年来已经配备了笔记本电脑和耳机。TeamBank AG 对这一工作方式的经验如此丰富，以至于即使在新冠疫情危机之后，由于 2020 年 6 月的公司协议，关于远程办公和移动办公的规定更加灵活。根据这项协议，所有员工有机会在家或在外工作，每周工作时间最多可达到 60%。决定适当工作范围的不是等级制度，而是团队自主决策。TeamBank AG 认为混合会议是新常态，董事会在 2020 年中宣布"我们的易贷（easyCredit）办公地将永远是互动和交流的场所"，这一声明是对员工经验和需求的回应。

公司的管理人员也很早就决定并传达了不会进行裁员或减少工时的决定。"我们正在以自己的力量应对这场危机，需要整个团队支持我们的顾客和合作伙伴。"这个决定并不是理所当然的。毕竟，TeamBank AG 的主要产品 easyCredit（一种面向消费者的分期付款贷款）的业务也因新冠疫情而下降，一个主要原因是人们的担忧和相关消费的总体下降（Statistisches Bundesamt, n. d. ）[①]。

这一表态同样适用于顾客，TeamBank AG 一直保持着一贯的顾客导向。因此，在提供电话和在线聊天的顾客服务时，秉持着"我们倾听顾客的心声"原则。平均顾客交流时间比危机前更长，尤其是在疫情暴发的前几个月。目标是在解决问题之前了解顾客的关注和恐惧，并倾听他们的意见。在这方面起到很大帮助作用的是，客服中心及时增加了人手，这些内部员工过去曾在客服中心工作过或接受过培训，然后被派往那里。

然而，TeamBank AG 也实施了超越法律规定的具体措施。其中一个例子是付款减免：银行为受到短期工作时间或失业影响的顾客提供额外、灵活和不烦琐的付款安排支持（TeamBank AG，2021b）。

6. 总结——继续出发

尽管 TeamBank AG 近年来已经引入了许多方法和工具，并在日常生活中实施，但这只能算是一个中间步骤。除了净推荐值之外，多年来还一直进行优质服务的审查，以定期评估当前情况。重点不在于获得证书，而在于审查的过程。毕竟，优质服务是一段持续的旅程，在这个旅程中，当

① 译者注：未标注日期。

前的服务必须反复审查，通过外部反馈进行评估，并不断发展。

同时，顾客的愿望和要求也在不断变化。即使第一次的经历令人惊讶或超出期望，下次也会被视为新的标准。期望值在上升，长期以来，必须不断满足并超越这些期望才能通过优质服务取得成功。止步不前，依靠过去的成功是不可取的。

参 考 文 献

［1］ Bundesverband der Deutschen Volksbanken und Raiffeisenbanken （n. d. ）. About us：Cooperative Financial Network，https：//www. bvr. de/p. nsf/index. xsp，accessed 01/10/2022.

［2］ DIN SPEC 77224：2011 – 07 （2011）. Achieving customer delight through service excellence，Berlin，https：//www. din. de/de/wdc-beuth：din21：142853363，accessed 01/10/2022.

［3］ ISO 23592：2021 （2021）. Service excellence：Principles and model，Geneva，https：//www. iso. org/standard/76358. html，accessed 02/15/2022.

［4］ Statistisches Bundesamt （n. d. ）. COVID – 19 leads to a decline in private consumption expenditure in 2020，https：//www. destatis. de/Europa/EN/Topic/Economy – Finance/PrivateConsumption. html，accessed 01/10/2022.

［5］ TeamBank AG （2021a）. Management report of TeamBank AG 2020，https：//www. teambank. de/wp-content/uploads/2021/06/TeamBank ＿ GB ＿ 2020_WEB. pdf，accessed 01/10/2022.

［6］ TeamBank AG （2021b）. Internal document，accessed 02/15/2022.

第 6 章

优质服务文化

酒店业的一大亮点：打造充满活力的
优质服务文化并使其长期稳定

菲利普·D. 克拉朗瓦尔（Philippe D. Clarinval）

【摘要】

旅游和酒店行业现在正处于尤为严峻和不确定性的时期。为了在市场上生存，企业需要财务资源并营造与公司生存权相符的文化。重要的是要对自己提出关于战略平衡的正确问题并发展一种适应的管理风格，以便为长远发展打下稳固的文化基础。后者意味着领导者必须始终将他们的愿景、价值观和目标与组织紧密保持一致。审慎运用交易型和变革型领导力可以帮助他们激励团队，建立相关的组织文化。当然，前提是他们有一个愿景，并愿意修正他们的思维模式。

1. 为什么需要优质服务的文化

提出这一问题可能看起来有点夸张，但是它必须被提出，并需要进一步考虑。所有酒店都需要这样的文化吗？到底什么是优质服务？这些问题我将在后面回答。

酒店业，以及服务业中的其他所有公司，在社会和经济发展方面对全球经济有着显著影响。服务业主导着最具创新性的经济体，因此对于每个公司的竞争力来说，专注于服务质量、提供优质服务至关重要。

服务质量的概念已经存在很长时间了。优质服务的文化应该在组织文化中得到认可，因为它为外部和内部消费者设定了基调。一种良好而有活力的服务文化通过参考组织文化以及员工和公司的行为、态度和价值观，成为公司的生活方式。优质服务文化对于酒店来说是必要的，因为只有当这样的文化存在时，员工才能发展和壮大，对团队持有积极的态度，并为提供有价值的服务和创造独特卖点奠定基础。

- 酒店业优质服务文化模式的发展

为客人设计的世界级、鼓舞人心的体验构成了优质服务模式的核心。为了在酒店场景中实现优质服务，必须设计与客人相关的理想顾客体验，甚至可能改变他们的消费者行为。遵循这样一个实用的范式，每家酒店都可以创造价值观、宣言或服务保证，以说明其客人和员工在酒店的体验。该范式用于设计优质的顾客体验，其中一个基础模型是建立在服务链中所有嵌入的元素之上的。目标不仅是确保内部流程和顾客旅程是理想的，还有员工的态度和培训，他们应该体验到与顾客类似的宝贵员工体验。员工满意度已被员工敬业度所取代，可以预料的是，员工体验是建立相关优质服务文化良好基础的新关键词。

2. 圣莫里茨卡尔顿酒店的优质服务

圣莫里茨的卡尔顿酒店（The Carlton Hotel）是塑造了豪华酒店行业历史并且至今仍然如此的传奇酒店之一。相应地作为这个"世界领先酒店"的客人，对它拥有的 60 间五星级套房怀着很高期望，而员工们也怀抱着很大的期望来到这里工作。

圣莫里茨卡尔顿酒店在顶级联赛中扮演着重要角色，在圣莫里茨和其他著名度假胜地（如瑞士的格施塔德、法国的库尔舍韦勒、奥地利的基茨比厄尔或美国的阿斯彭）都有顶级的竞争对手。

2017 年，作为为数不多的几家酒店之一，当著名的《福布斯旅游指南》（Forbes Travel Guide）首次授予该酒店最高星级时，我们知道我们走在了正确的道路上。这条路是什么？它的特点是要满足尽可能多的正式星级标准，并考虑情感因素。那么，如果我们满足了问卷中的所有标准，但没有表现出热情，又有什么意义呢？酒店客人希望被感知，感觉自己的需求被理解，希望酒店工作人员表现出适当的正式或沉着的态度。除此之外，酒店还应清楚地表明，它完全精通于实现优质服务的所有后台流程。除了标准和情感之外，还必须有行动的意愿，尽一切努力取悦客人或同事。没有冷静的头脑、预见和行动，仅有刻板的标准和善意的情感是不够的。

这种思路应该伴随着所有的服务机构，而不仅仅是顶级酒店行业。然而，优质宾客服务的复杂性可能在酒店业最为明显，因为生产—消费连续体，即服务提供和消费，通常是同时存在的。酒店业仍然被视为一门工艺，而不是工艺与科学之间的相互作用。此外，参与的人往往太多，以至于经理无法面对这种复杂性，因此无法调整自己的思维方式以适应组织中的现实情况。

3. 塑造优质服务文化

酒店可以通过将服务质量和数量作为关键区分因素来创造优质的服务文化。他们可以创造一种文化，鼓励所有人改进、贡献想法并采取适当的行动。酒店的服务文化应确保所有员工都积极致力于不断提高质量。然后，客人将变得更加忠诚和满意，并向其他人推荐酒店，促进利润和入住率增长。

为了创造优质的服务文化，可以采用三个战略阶段。第一个阶段是正确的思维方式。当组织所有成员拥有正确的思维方式时，他们会表现出愿意履行承诺和具有责任感，能够在不同的服务场景中采取适当的行动，并具有良好的正确评估情况的能力。

在第二个阶段，他们掌握了提供高品质服务所需的必要技能。这些技能包括标准和技术，并被鼓励在提供独特服务体验的过程中思考、理解顾客的需求并最终建立充满活力的顾客关系。例如，为在晚餐时头痛的客人送一瓶薄荷油到房间。

第三个阶段是让优质的顾客服务经久不息。为此，我们需要一个结构化的流程，确保每个触点都伴随着出色的体验。这个流程是跨部门的，因此其打破了长期组织结构的约束。

3.1　管理者的责任

领导团队在创建出色的服务文化过程中扮演着至关重要的角色，但往往也是价值链中最薄弱的环节。高层领导决定酒店或服务企业的愿景和目标，并关注组织发展、消除障碍并奖励成功。领导者必须确保整个组织都支持其价值主张。

然而，维护、组织和管理都是非常静态的。总经理负责确保遵守具体标准，但作为领导者，他还必须将愿景向员工展现出来。

在圣莫里茨卡尔顿酒店，我们当然会关注所有关键绩效指标和其他衡量标准，但这种关注并没有让我们目光短浅。我们还试图将标准与情感和预期结合起来，并采取相应的行动。如果只是完美地达到标准而不允许表达情感，这是毫无意义的。因此，管理者的责任是在企业文化中"走钢丝"，创造并巩固标准和情感之间的联系。两者必须共存，只尊重其中一个或另一个总是会导致服务的贬值：如果我们只尊重标准，我们提供的服务将显得单调乏味；如果我们只表现出情感，我们将看起来像可爱但不太称职的即兴表演艺术家，两个原则必须和谐地交织在一起。当标准和情感以及善意的预期相遇并创造共同事业时，才会创造出优质服务。最终，这也是服务和款待之间的区别所在，因为"服务是黑白分明的，款待是丰富多彩的。"

3.2　酒店的价值链

对于管理人员来说，最重要的是定义自己的价值链。

首要前提是确定公司的目标，即"黄金圈"（Sinek，2011）。换句话说，每个领导者必须回答以下问题："我的公司是做什么的？""我的公司如何做到这一点？"最重要的是，"为什么我的公司这样做？""为什么"回答了目标的问题。组织的存在权是什么？顺便提醒一下：我们不能混淆"是什么"和"为什么"。"为什么"才是最重要的。利润当然不是（最重要的问题）——利润只是积极的副产品。

圣莫里茨卡尔顿酒店的宗旨是"让时间重获价值——通过有意识的享受和难忘的体验来实现"。从服务理念来解读，这意味着我们的服务应该出色和无缝衔接，不允许让客人有任何未实现的愿望，他们应完全专注于自己和身边的人。礼宾部或前台有排队现象？这是不能接受的！此外，客人应该在住宿期间得到心灵的放松，从而体验内心的丰富。

要真正地实现优质服务，领导者必须扮演关键角色。他们体现出服务宗旨、设定方向、实现愿景。这个主张听起来比实际容易，首先，愿景需要道德承诺和每个人对愿景含义的共同理解；其次，需要坚持愿景的意愿；再次，员工需要主动实施愿景；最后，酒店员工应关注于永远不失去愿景，并坚持不懈地追求它。

除了宗旨和愿景之外，链条中的第二个环节是战略（Trevor，2019）。酒店为实现服务宗旨做了什么以及如何通过战略促进优质服务？更需要什么以及应该停止什么？要回答这些问题，需要真诚和诚实，而不是爱听或必须传递的政治口号，需要对自己和周围环境采取强硬而直率的诚实态度。

这种诚实也会在整个组织中大放异彩。"让错误的人下车，让正确的人上车，坐在正确的座位上"这句话是对的，但你必须知道这是哪辆公交车，它朝着哪个方向行驶，司机是谁？分析组织就像在问自己需要什么能力才能保证优质服务一样重要。标准和技术能力通常应该已经存在，起决定性作用的是公司中盛行的文化是目标、愿景、战略、组织和能力要素之间的纽带。这种文化包括员工如何对待彼此和客人的不成文法律，有时甚至是成文法律。公司的文化塑造了可感知的热情、雄心或承诺。它定义了引人注目的服务愿景是如何实现的，以及它通常如何依赖于管理者。事实上，他们在整个组织的参与、入职、专注和激励方面发挥着关键作用。可见的和积极的领导参与对于创造优质的服务文化至关重要。管理者必须强调明显参与的重要性，并将这种文化的创建视为一个整体过程。然而，必须要注意运用正确的领导方式。

3.3　事务型或变革型领导

制定规则、监督标准的执行或规定组织结构通常是严格管理或者一定程度上的事务型领导的特征，这种领导方式基于绩效交换以换取赞扬或其他奖励，是管理者和员工之间的一种交换关系。给定员工一个明确的目标，他们必须了解规则以便得到工作表现方面的赞扬并避免被训斥。事务型领导在某些情况下对于标准的遵守和一致性的确保无疑是必要的，然而，事务型领导很少会激发员工努力追求优质服务。

管理者在促进优质的服务文化方面必须是典范；他们必须理解为什么这样的服务对组织至关重要并采取相应的行动，因此，"为什么"比"如何做"更重要。领导者以变革型方式进行领导，通过做正确的事、持续激励来提高优质服务。

在圣莫里茨卡尔顿酒店实行的变革型领导的支柱（Bass & Avolio，1994）是领导者如何从个体和个性的角度而非员工作用的角度看待员工。员工在智力上受到激励，其不满足于现状，而是对服务的"健康程度"进行质疑，并通过服务的再评估为服务质量的提升做贡献。此外，领导者应通过积极、利他、有魅力的领导风格来激励员工。

酒店可以使用五种领导实践的典范来改善顾客服务，这也在库泽斯和波斯纳（Kouzes & Posner，2017）的著作中得到说明：一是身先士卒，领导者必须具有远见、值得信赖并且自信。二是共同愿景必须反映一个令人兴奋的未来图景，并且令人钦佩。三是酒店的领导者通常是部门负责人或主管，他们必须能够质疑流程，挑战并找到符合战略和最终目标的新方法。四是他们必须有权根据目标和顾客情况来采取行动，以鼓励创新性的优质服务理念。五是领导者必须拥有鼓舞人心的特质，为所有人提供保证。诸如"不要给我问题，给我解决方案!"之类的做法是危险的，因为这是在恐吓员工，会使他们偏离目标，甚至采取守势或掩盖措施。

3.4　领导力在优质服务背景下的重要性

在圣莫里茨卡尔顿酒店，我们试图将领导力提升到一个在酒店行业仍然很少存在的元水平（meta-level）。换句话说，我们问自己，一起工作的主要原因是什么，以及在大多数人心目中作为雇主名声不太好的这个行业里，是什么让我们的员工有干劲——而且这种情况并不是只在新冠疫情之后才出现的。

员工具备的专业能力使他们能够按照自己的质量标准完成工作。此外，他们可以自由选择以自己的方式开展工作——他们当然也遵循标准，但最重要的是将自己的个人特色融入工作中。同时，他们受到（因此也是我们的）出色表现的进步和满足的驱动。然而，他们选择在酒店行业工作最重要的原因似乎是意识到工作的重要性。在这个背景下，领导力是否发挥着作用？领导力能使人们意识到他们工作的重要性吗？有人可能会认为，事务型领导者对工作赋予的意义或重要性并不多，而变革型领导者则是成功的唯一秘诀。然而，事实并非如此。工作意义是一种非常内在的因素，每个员工都拥有并自己发现它，就像一朵娇嫩的花朵，需要呵护和赞美。糟糕的管理风格会在几秒钟内摧毁他们工作的意义，诸如"我到底为什么要这样做？"的想法会迅速占据主导地位，因此，在服务业中，管理者必须意识到自己的行为和话语可能产生的负面影响。员工必须对自己的工作感到自豪，他们应该能够看到工作背后的意义并被鼓励这样做。他们的工作会影响其他人。因此，它应该始终与积极因素联系在一起，激发灵感，甚至改变不理想的行为，使其变得更好：向客人展示未知或令人惊讶的酒品的调酒师可以激发灵感；可以预见并满足客人愿望的门卫能够体现公司宗旨并触动客人情感。

领导者的作用是举起一面镜子，鼓励团队自我反思。认识到自己工作的意义并不是完成任务的同义词。通常，如果没有人牵着员工的手，员工甚至不会意识到自己工作的重要性，也不会意识到身边的企业文化。因此，"没有消息就是好消息"的时代已经过去了。

3.5 优质服务文化背景下的意识

在圣莫里茨卡尔顿酒店，我们培养了一种持续反馈和彻底诚实的文化，我们提供持续的反馈和前瞻性的建议；我们享受工作，相互支持，并努力通过友好态度丰富我们的客人和同事的生活；最美好的部分是我们有意识地选择并展现这种态度。

选择这样的设定是一个认知过程。这是一个有意识地激活大脑前部，即前额叶皮层的过程，需要涉及每个人的信任、创造力和热情。在一个经常高度竞争的环境中，专注力、自我反思以及个人和企业价值观的一致对于创造一个可持续的文化是至关重要的。员工相互处理问题的方式、他们对最高质量的自愿承诺和某种不愿意妥协的态度，有时需要改变个人习惯，这就是神经科学至关重要的原因。哪些微观习惯有助于实现，而不仅仅是表现优质服务？追求最高质量和最大程度的热情的态度是发自内心还是仅仅是职位描述中的一个抽象概念？只要它只是后者，就不能谈论价值观，更不用说谈论文化了。

领导的职责是认可和鼓励良好行为。就像父母总是要求他们的孩子说"请"和"谢谢"，领导者应该鼓励和奖励好的习惯、思维方式，聪明而富有好奇心，具有雄心壮志、自豪感和追求进步的行为。情境的复杂性、变动性、不确定性和模糊性也要求员工和领导者不断思考他们能从中学到什么，以及需要采取哪些额外的措施。明天的顾客需求、趋势和期望是什么？对于公司的存在权利以及战略、能力、员工和文化在多大程度上与公司的目标一致的思考过程是必要且不可缺少的。

4. 新冠疫情对优质服务的影响

新冠疫情使全球酒店业偏离了轨道。市场在短时间内发生了变化，客人的期望也迅速集中在宽敞的空间和安全措施上。当然，这一变化也影响了拥有国际客源结构和独特客源市场的圣莫里茨卡尔顿酒店。尽管他们的个人需求没有改变，但客人不再能够像以前那样随心所欲地持续旅行。

一个公司应该遵循的价值观并没有改变，我们对质量和安全不愿妥协。唯一需要改变的是领导者必须更好地理解细节，认识到任务的复杂性，并继续体现酒店的愿景。不幸的是，专注和坚韧往往会被恐慌和为了扭转一切而采取行动的冲动所取代。人们可能会，也必须问一个问题，旧的商业模式是否仍然合适？是否近年来已经变得无精打采？或者如何进行自我创新？然而，存在的权利仍然是一个关键特征，公司必须保留道德指南针。新冠疫情之后的时代将面临长期的挑战，不是因为客人远离，而是因为员工越来越有选择性。他们会更加批判性地看待公司的内在价值观，并愿意尝试新的做事方式。当经济不景气时，教育就会蓬勃发展，公司必须准备好提供新的东西，因为好员工已经进化了。员工满意度和员工敬业的时代已经过去，"员工体验"是新的关键词。员工们希望自己在为公司付出时间的过程中得到成长，而领导者有责任单独会见团队成员，激励并鼓舞他们。

5. 结论

　　由于酒店业的内在多维性和多面性，它需要坚实的文化基础才能生存。此外，动荡、复杂、不确定和模棱两可的外部世界并没有让这变得更容易。对于是否需要优质服务这个最初的问题，答案是"视情况而定"。这取决于你所说的是什么样的酒店行业。在高端而传统的酒店业，明确的答案是它不能容忍平庸。然而，在考虑可能更随意的新概念时，问题仍然存在。无论如何，都需要有一个符合公司生存权的连贯服务。优质服务文化是企业文化的重要组成部分，绝对需要避免徘徊不前。这容易吗？不。这需要时间吗？绝对的。没有一个经理可以在一夜之间改变一种企业文化并将其长期固定下来，但如果你有必要的毅力和远见，这就是可能的。总之，有人可能会说，领导力正变得更加复杂，领导者需要更加老练、细致和深思熟虑，不再存在"一刀切"的领导（Northhouse，2007）。这取决于领导者及其理解这三个维度的能力，以确保公司的长期成功，它们会对组织的整个文化产生连锁反应。

参 考 文 献

［1］ Bass, B. M. and Avolio, B. J. (1994). Improving organizational effectiveness through transformational leadership, Thousand Oaks, CA：Sage Publications.

［2］ Kouzes, J. M. and Posner, B. (2017). Leadership challenge：How to make extraordinary things happen in organizations, Wiley & Sons, Incorporated, John.

［3］ Northouse, P. G. (2007). Leadership：Theory and practice, 6th ed. , Thousand Oaks, CA：Sage Publishing.

［4］ Sinek, S. (2011). Start with why：How great leaders inspire everyone totake action, East Rutherford：Portfolio/Penguin.

［5］ Trevor, J. (2019). Align：A leadership blueprint for aligning enterprise purpose, strategy and organization, London：Bloomsbury Business.

第7章

员工参与

员工敬业度需要动机和资质：使用混合式学习来实现优质服务

马蒂亚斯·古泰尔 (Matthias Gouthier)

马蒂亚斯·拉奎特 (Matthias Raquet)

【摘要】

"服务业就是与人打交道的行业"。这句话对于技术服务行业来说尤其正确，在服务人员为顾客现场提供服务的过程中，他们对工作的投入对公司的长期发展起着决定性作用。为了从一开始就在 oneservice AG 及其在德国和海外的子公司中实施优质服务的理念，作者创建了优质服务学院（Service Excellence Academy）。在入职阶段，服务技术人员通过参加有吸引力的在线学习课程学习优质服务的要点；随后，公司采用混合学习方法进一步确保了优质服务的持久实施；最终，由此产生的顾客愉悦证实了该理念的成功。

1. 员工敬业度作为优质服务的核心要素

在学术界和商业界，员工敬业度一直被认为是服务类公司的关键成功因素（Markos & Sridevi，2010）。如果一个公司希望通过高品质的服务来区别于竞争对手，就像优质服务的概念所关注的那样，那么这个发现就尤其正确（Gouthier et al.，2012）。一般来说，这一观点是明确表达的，例如在欧洲标准 CEN/TS 16880：2015 中，员工敬业度被视为优质服务因果链中优质顾客体验和顾客满意的触发器（见图 7 – 1）。

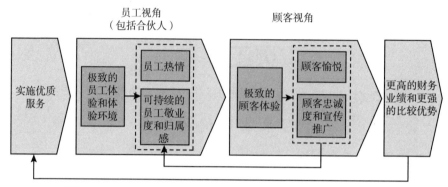

图 7 – 1　员工敬业度是极致顾客体验和顾客满意度的触发因素

资料来源：CEN/TS 16880：2015.

　　考虑到之前优质服务标准的发展，员工参与度始终是提供令顾客满意的服务的关键影响因素。即使在 DIN SPEC 77224：2011 中，关于员工作为公司重要资源的解释也构成了整个标准最全面的子要素。标准在欧洲层面进一步发展时，在 CEN/TS 16880：2015 中，员工也是成功的主要保证要素。最后，在 ISO 23592：2021 中，员工参与是实现优质服务的九个要素之一。这个要素要求组织使用人力资源流程和工具来促进和维持共享的价值观、信念和实践，以创造极致的顾客体验。员工参与的重要性就在于它是一个组织中必须存在的（用词为"应当"）。如果公司希望根据 ISO 23592：2021 获得认证，则必须证明其符合此要求。此外，ISO 23592：2021 要求管理层"应该"确保员工热情并积极主动地提供优质的顾客体验，并使顾客满意。

　　什么是员工敬业度？该术语在 ISO 23592：2021 中有明确定义。员工敬业度是"员工对组织的承诺程度，对工作的热情程度以及在工作中付出的努力程度"（ISO 23592：2021）。各种研究（Markos & Sridevi，2010）已经证明，员工的高敬业度与公司、团队和/或员工的高绩效水平相关。衡量员工敬业度最著名的方法之一是所谓的"盖洛普敬业度指数"（Gallup Engagement Index），该指数显示了每个个体与公司及其各自目标之间的联系（Gallup，2021）。盖洛普用 Q12 方法衡量员工敬业度，是基于员工对 12 个与绩效结果相关的可操作工作要素的回应，包括生产力、顾客服务、质量、留存率、安全性和利润等。该指数通过概述敬业、不敬业和主动不敬业员工的百分比，全面展示了工作场所的情况。除此之外，该指数表明，与低参与度的工作组（最低 25%）相比，高参与度的工作组（最高 25%）的顾客参与度平均高出 10%，顾客忠诚度也高出 10%（Gallup，2022）。

2. oneservice 公司的优质服务实践

oneservice AG 由本书作者和其他联合创始人于 2017 年 7 月成立。它是一家全球性的、独立于供应商的服务公司，为生命科学、诊断和医疗设备提供完全托管的服务解决方案和咨询服务，满足了外包技术服务的新兴趋势和需求。oneservice 的领导团队由行业专家组成，他们为全球企业、区域和本地公司以及政府机构提供咨询、学习、业务流程和外包服务超过 25 年。

根据 oneservice 商业模式，必须跳出思维定式，为个人顾客提供服务解决方案，以满足任何企业的基本需求——无论公司是想扩大其覆盖范围，补充其服务产品，提供专用或共享技术支持，还是在任何地方和任何设备上为顾客服务。oneservice 使顾客能够获得具有最高质量标准的高成本效益服务。因此，oneservice 专注于实施成本效益高的优质服务战略（Wirtz & Zeithaml，2018）。作为战略和长期合作伙伴，oneservice 支持基本的员工、顾客和合作伙伴关系，以推动顾客的业务发展。这个过程需要部署服务技术人员，他们将自己视为问题解决者，而不仅仅是只负责装配的技术工。凭借技术与社交和沟通技巧的完美结合，oneservice 专家以微笑应对最困难的情况、复杂的问题和繁忙的日子，以维护其公司在提供更高品质的服务方面的声誉。

公司总部位于瑞士施维茨州的菲斯伯格。此外，oneservice 在达姆施塔特、达拉斯和曼彻斯特均设有办事处，为欧洲和北美市场以及英国和爱尔兰市场提供服务。

从一开始，oneservice 的核心重点之一就是实施优质服务。这一承诺在 oneservice 的企业战略中得到了明确表达，包括其愿景和使命，因此，公司的使命是用一流的服务重新定义优质服务。这种自我形象必须灌输给员工，这在入职阶段尤其可能实现。在雇佣关系开始时，员工通常对新想法更加开放，因此，公司的原则之一就是关注员工。oneservice 对员工的基本理解如下：

- 我们的员工是成功的关键，是每一个过程和每一个合作的驱动力。
- 我们的全球专家团队致力于了解每个顾客的核心业务问题，并根据我们的顾客以及顾客的需求调整我们的方法。
- 我们与我们的专家一起设计定制化的解决方案，并在顾客需要的场合代表他们发声。

因此，在公司成立之前就已经出现的问题是：如何将优质服务的指导原则可持续地植入公司内部。作为标准化活动的发起人和共同负责人，我们将标准化工作的成果直接和立即整合到公司优质服务概念的设计中。ISO 23592：2021 标准描述了实现员工敬业度所需的六个子要素，这些要素是：

（1）新员工的招聘和入职；
（2）员工的持续学习和发展；
（3）员工或团队层面的顾客反馈；
（4）员工的评估和评价；
（5）认可或承认体系；
（6）员工反馈机制。

本章的重点是使用混合学习方法，特别是电子学习课程，传授优质服务的相关知识、技能和能力。

3. 优质服务学院

在 oneservice AG 成立之前，作者们就已经清楚，可持续地实施优质服务往往会由于以下三个因素而失败：

（1）缺乏知识：管理人员和员工都需要深入了解优质服务以及如何实施这一概念。

（2）担心高成本：优质服务是一项长期投资，需要资源的投入。

（3）时间紧张：在公司中建立优质服务需要时间。

因此，问题是如何在像 oneservice 这样的公司中消除这三个障碍。在 oneservice AG 成立后，尽快将员工的知识提升到合格水平是至关重要的，因为他们在被雇用时通常并不了解优质服务的概念。出于这个原因，最初成立了优质服务学院作为公司的一个内部组织。

为了克服第一个障碍——知识差距，作者们首先根据 CEN/TS 16880：2015 和 ISO 23592：2021 标准开发了一个简化的优质服务模型，该模型识别出四个方面（见图 7 - 2）。

图 7 - 2　优质服务学院简化的优质服务模型

资料来源：基于 CEN/TS 16880：2015 和 ISO 23592：2021。

另外两个障碍，即时间和成长问题，是严重的绊脚石，特别是对于初创公司而言，正如 2017 年和 2018 年 oneservice 所面临的情况。创始人很快意识到网络学习课程可作为一种高效并有效的解决方案。与课堂培训相比，网络学习课程，特别是基础培训，效率更高，效果也更好（见图7-3）。

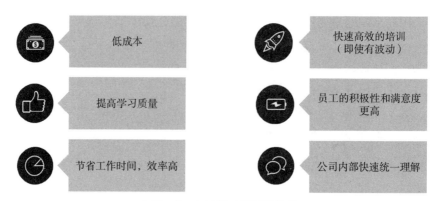

图7-3　电子学习课程的益处

资料来源：Service Excellence Academy，2021.

因此，开发和使用电子学习课程成为建立优质服务学院的核心起点。这些课程可以使员工在时间和地点上都能对优质服务的主题产生敏感性，并在这方面扩展他们的知识。此外，电子学习课程，特别是在融合学习概念中进行整合时（见图7-4），能够与当今的数字化战略完美兼容。

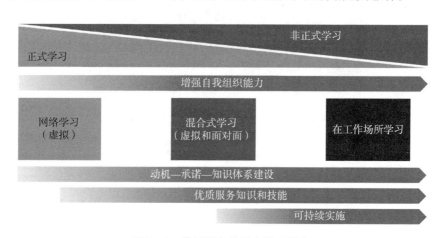

图7-4　优质服务的混合学习概念

资料来源：Service Excellence Academy，2021.

从电子学习到职场学习，自组织和非正式学习的比例稳步增加。尽管电子学习主要是获取知识，职场学习则侧重于实际任务的执行。

　　oneservice 采用的一种典型的混合学习方法包括四个阶段（见图 7-5）。公司通过使用网络学习课程来建立对优质服务的统一基本理解。在这个阶段，这些课程必须既有信息性又有趣味性。一家专门从事网络学习课程制作的英国机构参与了 oneservice 的开发；此外，还聘请了两名专业演员：一名美国演员负责英语网络学习课程，一名德国演员负责德语网络学习课程。这些初始投资已经得到了回报，因为服务技术人员和所有其他 oneservice 员工对网络学习课程的满意度非常高。到目前为止，预订了这些课程的外部顾客也对它们的质量感到满意。

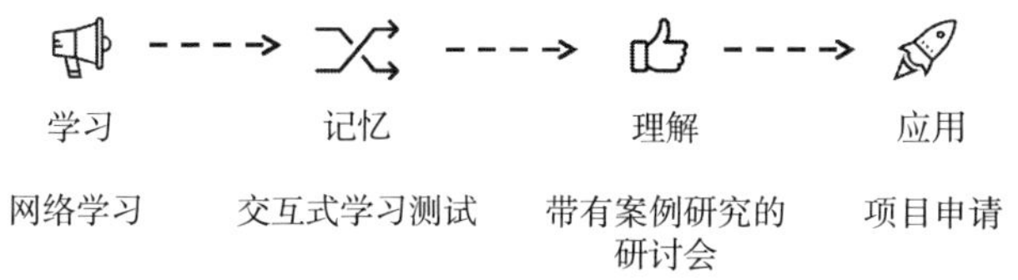

学习	记忆	理解	应用
网络学习	交互式学习测试	带有案例研究的研讨会	项目申请

图 7-5　优质服务混合学习课程的典型顺序

资料来源：Service Excellence Academy，2021.

　　网络学习课程有趣且能让员工获得相关知识至关重要。因此，在网络学习课程之后，应采用交互式学习测试来巩固所学知识，这个过程代表了优质服务学院混合学习概念的第二阶段。在第三阶段，应再次深化迄今为止获得的知识，这将在一个研讨会上进行，其中使用最佳实践案例研究以确保对内容的更好理解。研讨会可以作为纯粹的虚拟或混合活动进行，特别是在冠状病毒大流行期间，也可以作为面对面活动进行。第四阶段通过专注于在某种项目培训活动中应用所学内容来完成混合学习。在这里，培养员工的社会交往和互动技能至关重要，这既能让顾客高兴，也能让员工感到愉悦。这样，可以培训技能和能力，以改善对顾客需求的认识和询问、专业沟通以及与顾客的专业互动（Barnes et al.，2011）。只有将优质服务的知识融入员工的日常行动中，才能将此类资格措施描述为成功。通过 oneservice 的顾客调查证实了对员工的顾客导向技能和整个公司的顾客至上意识的积极影响。因此，在最近的顾客调查中，该公司的净推荐值得分达到了 71 分。

4. 优质服务电子学习课程的要求及其内容

在任何类型的顾客服务中，以及在技术服务中，员工在满足和取悦顾客方面发挥着重要作用。为此，优质服务学院开发的电子学习课程可以用作教程以高效和有效地培训员工如何提供高品质的服务。在线培训既刺激又易于使用，能够激发成年学习者，创造有意义的教育体验。此外，电子学习课程也可以很容易地嵌入到学习管理系统（LMS）中。

最终，这些课程应该能够帮助用户实现有效、高效、从而令人满意的个人目标成就——同时为用户提供易于使用的便捷性、流畅的互动性、内容的清晰度、良好的设计和视觉吸引力（见图7-6）。

图7-6 电子学习课程的要求

资料来源：Service Excellence Academy，2021.

优质服务的电子学习课程以德语和英语制作，以便让非德语国家的员工也能学习优质服务的主题。它们由四个模块组成，共有23节课。为了避免疲劳，课程时间相对较短，每节课2~3分钟。这些课程一共大约需要60分钟。

第一个模块涉及优质服务的一般方面（"优质服务战略和领导力"维

度），并在个别课程中回答以下五个问题：

- 为什么优质服务很重要？
- 顾客满意度和顾客愉悦有什么区别？
- 优质服务和顾客愉悦之间有什么联系？
- 什么是优质服务金字塔？
- 如何将优质服务融入公司的愿景、使命和战略？

第二个模块专注于员工和公司在实践中形成的优质服务文化。因此，这些课程致力于回答以下七个问题：

- 如何始终关注顾客？
- 员工如何表现出正确的态度？
- 员工如何与顾客进行真实的互动？
- 理解顾客的关键是什么？
- 如何处理关键情况？
- 如何提供个性化服务？
- 如何创造惊喜效果？

第三个模块涉及创造优质的顾客体验。在七节课中，以下问题得到了更详细的解答：

- 什么是服务设计？
- 创造人物角色有什么附加值？
- 如何描绘顾客旅程图？
- 什么是卡诺模型？
- 如何开发可操作的想法？
- 什么是服务原型？
- 什么是服务蓝图？

在设计优质服务的流程、系统和结构时需要寻找什么，第四个模块对此进行了更详细的解释。课程致力于回答以下四个问题：

- 如何克服实施优质服务的障碍？
- 如何管理顾客体验？
- 如何实现内部优质服务？
- 如何衡量顾客愉悦度？

这四个模块为员工提供了对优质服务核心内容的总体概述和深刻见

解，它们提供了一个统一的知识基础，说明如何在公司中持久地植入优质服务的概念。

5. 结论

像 oneservice AG 及其子公司这样的技术服务公司尤其受益于员工的承诺。顾客是公司努力的焦点，为了让顾客满意，员工自己必须对工作充满热情。对于顾客来说，员工承诺在遇到问题的情况下尤其重要。在这里，服务技术人员能够通过他们的专业技术知识，最重要的是通过他们的承诺和同理心，在理性和情感上说服顾客。为了不断促进员工的这种承诺，oneservice 依赖优质服务的概念，通过混合学习概念中的电子学习课程向所有员工传达这一概念。与最初只在内部成功使用一样，下一个合乎逻辑的步骤是通过优质服务学院在市场上向外部提供这些工具。首批顾客项目证明了我们的成功。

参 考 文 献

[1] Barnes, D. C., Ponder, N., and Dugar, K. (2011). Investigating the key routes to customer delight, Journal of Marketing Theory and Practice, 19 (4), pp. 359 – 375.

[2] CEN/TS 16880：2015 (2015). Service excellence：Creating outstanding customer experiences through service excellence, Brussels.

[3] Gallup (2021). Gallup's employee engagement survey：Ask the right questions with the Q12 survey, https：//www. gallup. com/workplace/356063/gallup-q12 – employee-engagement-survey. aspx, accessed 09/05/2021.

[4] Gallup (2022). What is employee engagement and how do you improveit?, https：//www. gallup. com/workplace/285674/improve-employee-engagement-workplace. aspx, accessed 01/27/2022.

[5] Gouthier, M. H. J., Giese, A. and Bartl, C. (2012). Service excellence models：A critical discussion and comparison, Managing Service Quality, 22 (5), pp. 447 – 464.

［6］ISO 23592：2021（2021）. Service excellence：Principles and model，Geneva.

［7］Markos，S. and Sridevi，M. S.（2010）. Employee engagement：The key to improving performance，International Journal of Business and Management，5（12），pp. 89 - 96.

［8］Service Excellence Academy（2021）. From service management to service excellence：Implementation requires understanding and commitment，internal document，Darmstadt/Feusisberg.

［9］Wirtz，J. and Zeithaml，V.（2018）. Cost-effective service excellence，Journal of the Academy of Marketing Science，46，pp. 59 - 80.

第8章

理解顾客需求、期望和愿望

顾客体验管理：顾客体验领导者的见解和建议

朱莉安娜·克宁格（Juliane Köninger）

马蒂亚斯·古泰尔（Matthias Gouthier）

【摘要】

近年来，顾客体验管理（customer experience management，CXM）的地位得到了极大的提升，成为当今企业成功的关键因素之一。然而，对于成功的 CXM 的特征，人们知之甚少。为了填补这一研究空白，作者进行了一项定性的探索性研究，本章描述了与国内外顾客体验领导者进行多次访谈后的主要发现。

1. 国际最佳实践研究的见解

在研究中，顾客体验（customer experience，CX）主要是从顾客的角度出发进行分析。然而，公司的角度，也就是顾客体验管理（CXM），大部分时候被忽视了（Homburg et al.，2017）。因此，作者进行了一项定性的、探索性的研究，旨在更深入地了解 CXM 在实践中的应用，并产生新的科学发现。这项研究的设计和关键结果将在以下几节中介绍。对于定性研究，作者采访了 20 位来自知名公司的 CX 专家。这项跨部门的研究包括来自金融服务、电信、信息技术、保险、移动、零售、旅游和管理咨询行业的领先公司，其中一半公司的总部位于德国，而其他的 CX 专家来自美国、英国、法国和亚洲各国。有指导的采访是通过电话或视频通话进行的，20 位专家中有 15 位从内部角度报告，他们是拥有自己 CX 部门的公司的经理或员工，并专注于 CX 的主题；其他 5 位专家来自专门从事 CX 和 CXM 的咨询公司或服务提供商，因此，这些专家对 CXM 有来自外部的视角看法。通过这种方式，我们生成了关于公司中使用 CXM 的增值见解，并将其作为本章的重点内容。在简要介绍之后，我们首先描述了该主题的相关性；其次，我们以图形方式呈现和总结了 CXM 的积极效果；再次，我们讨论了关于实施 CXM 和创极积极顾客体验的研究发现；最后，我们通过访谈展示了 CXM 的成功因素。

1.1　CX 简介及其重要性

在当今经济环境下，竞争激烈，顾客的期望不断增长，加上明显的更换服务商的意愿，顾客忠诚对公司的长期成功至关重要。为让顾客满意，且让顾客保持愉悦和忠诚，提供极致的顾客体验是必要的。积极的顾客体验成为一个决定性的区别因素，对获取顾客和提升顾客忠诚度具有重要意义（Becker & Jaakkola，2020）。一项研究表明，2019 年，接受调查的公司中有 67% 主要基于 CX 进行竞争，预计 2021 年这一比例为 86%（Gartner，2019）。此外，另一项研究表明，在未来三年中，77% 的美国公司表示改善 CX 将对企业至关重要或非常重要（Qualtrics，2020）。

这些关于 CX 相关性的陈述得到了我们的最佳实践研究的支持。一位接受采访的专家证实了目前的趋势，即由于产品越来越可互换，许多公司不再能够通过其产品与其他公司区分开来，但能够通过提供全面的服务和出色的支持来做到这一点。因此，公司的目标是提供卓越的 CX，以使自己从竞争中脱颖而出。这一观点与另一位专家的观点一致，"……现在的竞争差异化来自体验。……在大多数行业中，现实是人们拥有大致相似的定价和相似的产品，所以真正使一家公司区别于另一家公司的是与他们做生意的容易程度。……我们需要提供更好的体验。"

另一位专家解释了 CX 日益增长的重要性与这样一个事实有关：如今，顾客可以通过社交媒体或在线论坛轻易地发表意见，从而吸引大量观众。原则上，每个不满意的顾客都有可能通知其他顾客，从而产生负面的口碑。

总体而言，所有受访专家都认为，无论是现在还是不久的将来，顾客体验都是一个需要优先考虑的话题，例如，它被描述为"战略重点之一"，是本研究中所有公司的企业战略的一部分。少数人没有使用 CX 这个术语，而是将顾客置于战略的中心。一位外部专家对此表示赞同，并进一步强调了这一观点："在许多公司中，……我敢说，90% 以上的公司已经将此作为企业战略的一部分，……在许多公司中，这已经成为中心话题。"

1.2 CXM 的积极效应

CX 和 CXM 的高度相关性是由它们的积极影响所决定的，如图 8 - 1 所示。CXM 成功链的结构基于关系营销的一般成功链（Anderson & Mittal，2000；Bruhn & Tuzovic，2002）和为 ISO 23592：2021 开发的 CXM 成功链的扩展，后者在前者的基础上进行了调整并补充了从访谈中获得的其他见解。这条成功链的起点是公司内部实施的 CXM。系统性 CXM，通常在大型企业中由 CX 部门实施，旨在顾客中创造改进的和积极的 CX。在公司内部，CXM 确保整个公司增强顾客导向和顾客关注，这对 CX 产生积极影响（Lemon & Verhoef，2016）。因此，在开发和优化服务和产品时始终适应顾客的视角。在 CXM 作为起点和顾客感知到的积极 CX 之间，其他内部因素，如企业文化，起着决定性的作用。本章后面将介绍这些 CXM 的成功因素，并将其视为积极 CX 的中介。随着积极 CX 的增加，成功链转向对顾客的外部影响。通常，积极的 CX 会导致更高的顾客满意度，并最终实现顾客愉悦（Ma et al.，2013；ISO 23592：2021）。这种效应反过来又导致顾客忠诚度的提高，从而对公司的经济成功产生积极影响（Homburg et al.，2017）。此外，上述影响还伴随着进一步的积极结果。图 8 - 1 的上半部分是指销售增长，而下半部分是指成本降低。销售增长和成本降低最终会对公司的经济成功产生积极影响。满意的顾客，尤其是高兴的顾客，往往对价格不那么敏感，表现出更大的支付意愿。此外，积极的顾客体验很可能会通过顾客满意度的提升带来进一步的推荐。此外，复购和跨品类以及延伸购买是进一步潜在的利好，会对公司的成功产生积极影响。图 8 - 1 的下半部分显示，如果顾客体验是积极的，或者在理想情况下是优秀的，则收到的投诉较少。投诉数量的减少也意味着成本的降低。此

顾客体验管理：顾客体验领导者的见解和建议

外，留住一个顾客的成本要远远低于获取一个新顾客的成本。因此，节省的收购成本也对公司的成功产生了积极的影响（Reichheld & Sasser，1990）。

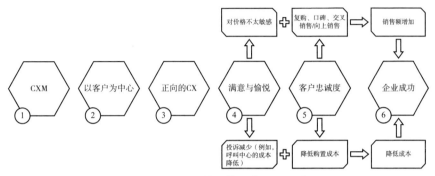

图 8 - 1　顾客体验管理的积极影响

资料来源：根据 Bruhn and Tuzovic，2002，第 487 页和 ISO 23952：2021 进行调整，并根据访谈结果整理。

2. CXM 的实施

为了成功运营顾客体验管理，公司必须积极地实施它。本章介绍了关于顾客体验管理实施的主要研究发现。图 8 - 2 展示了对最佳实践公司进行访谈的顾客体验管理实施的关键数据。这些被访谈的公司绝大多数都有一个专门负责顾客体验管理的团队或部门；在大多数情况下，顾客体验部门要么是营销部门的一部分，要么是服务部门的一部分。顾客体验部门的汇报层级通常是在执行董事会以下一级或两级，因此地位较高。在面向国际市场的公司中，通常会在总部设有一个集团的顾客体验团队，根据公司规模的不同，团队规模可能在 10 ~ 15 人。除了总部的 CX 经理外，还有专门负责改善当地市场 CX 的 CX 经理。平均而言，这些公司在 2016 年左右成立了 CX 部门，从那时开始关注 CXM 这个话题。

图 8-2　最佳实践公司 CXM 实施情况数据

在此背景下，跨国界的观察很有趣。上述数据主要适用于高度发达的国家。一位受访者解释说："一个市场越发达，……顾客在公司之间的分布就越多。……将他们与公司绑定变得越来越重要。赢得新顾客的难度越大，留住老顾客就越重要。公司也看到了这一点，正在调整预算，以便按照他们的品牌承诺为顾客提供服务。"因此，关键是留住顾客，特别是在发达国家。在这方面，专家强调："要实现真正的可持续性，唯一的方法就是为顾客提供良好的服务。这使顾客体验管理自动成为一个关键的战略问题。"

一位来自技术公司的 CX 专家解释道，关注 CX 并将其锚定在公司战略中是"过去几年的一个过程"，尤其是因为在他所在的公司是一家"以工程为重点"的公司。他强调："我会说，六七年前，就像昨天一样，向全体监事会展示我们的产品和我们的经验，这种情况是不会发生的。"这个例子说明，建立可持续和成功的 CXM 需要坚持不懈和连续性。

此外，在访谈中还确定了 CX 部门的共同责任领域，其中包括顾客体验设计和顾客旅程映射，确定、分析和优化顾客与公司的接触点。通常，会预先定义人物画像，并在相关的顾客旅程中考虑这些用户画像。CXM 的另一项任务是衡量 CX，生成顾客洞察，从而考虑"顾客的声音"。除了获取顾客意见外，还包括分析数据，例如应用预测分析，记录并在公司内部传播获得的见解也是 CXM 的任务。此外，在一些公司中，CX 部门与其他部门合作举办研讨会，以促进以顾客为中心的思维和行动，并采取顾客的观点。此外，根据顾客反馈采取措施以改善顾客体验。根据公司的不同，CX 部门还包括顾客联系团队和/或产品管理以及社交媒体团队。

这些发现反映了一种典型的 CXM 管理方法（Holmlund et al.，2020）。根据专家访谈，这种方法得到了调整、扩展，并分为战略和运营 CXM。图 8 - 3 显示了战略和运营层面以及相互关联的 CXM 流程步骤。战略 CXM 的起点是制定战略，在这里，在 CXM 的背景下定义目标、指导方针、关键绩效指标（KPI）和战略。理想情况下，这与公司战略挂钩。第二个层面专注于技术和流程，涉及选择和使用 CX 技术和工具。这里的目的是建立无缝且一致的流程，特别是，流程必须对顾客来说很简单，尽管内部很复杂。战略 CXM 的第三个层面涉及治理。这里定义了规则、作用和责任。此外，在理想情况下，高层管理委员会应该对 CXM 的主题负责。第四个层面涉及文化和组织。成功的 CXM 需要一种有利于顾客中心化和敏捷结构的公司文化，此外还需要一个 CX 部门或 CX 团队来推动 CX 的发展。在这方面，使用跨部门的 CX 大使（ambassadors）是有利的，这便于在公司内部嵌入 CX 的主题。

运营 CXM 由四个管理阶段组成。在第一阶段，即分析阶段，需要确定公司与顾客的服务触点，这可以通过定性顾客访谈来实现。此外，顾客角色是根据这些初步的顾客访谈确定的，并开发了针对特定角色的顾客旅程地图。这些顾客旅程地图为开发服务蓝图提供了良好的起点，通过内部流程的映射来补充顾客旅程。这一阶段之后是规划和开发阶段，该阶段致力于顾客体验设计，旨在为顾客提供跨所有渠道的无缝衔接的顾客体验（Lemon & Verhoef，2016）。对于新产品或服务，重新设计顾客体验。对于

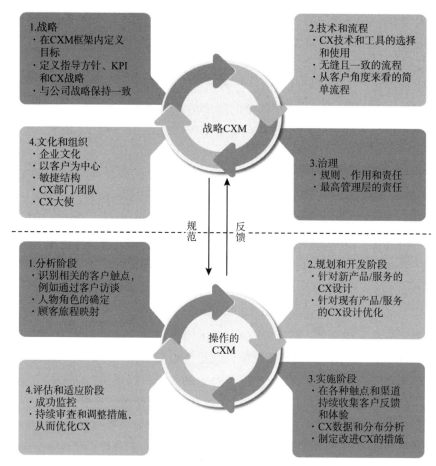

图 8-3　CXM 中的级别和流程步骤

现有产品或服务，首先，要进行目标—实际比较，以便随后优化和调整顾客体验设计。在接下来的实施阶段，顾客反馈将在各个接触点和渠道上持续收集。此外，这一阶段还包括通过实时调查来衡量接触点的体验；通过这些来源，确定了重要的顾客体验关键绩效指标。其次，对顾客反馈进行分析，并将其见解传播给其他相关部门，汇总结果应分发给最高管理层和所有与顾客有接触的员工。因此，与顾客的反馈合作以优化服务和产品，并采取适当的措施来改善顾客体验尤为重要。在随后的评估和调整阶段，有必要不断审查顾客体验措施，并将其作为监测成功的整体过程的一部分。如果需要，应进行适当的调整，以对顾客产生预期的效果。由于管理

过程是一个持续的过程，因此第四阶段再次直接进入运营周期的第一阶段
（Becker & Jaakkola，2020）。

3. 创造积极的 CX

有学者提出了一个被广泛使用的 CX 定义，他们将 CX 描述为"一个多维构建，关注顾客在整个购买旅程中对公司产品的认知、情感、行为、感官和社交反应"（Lemon & Verhoef，2016）。这个定义强调了 CX 的主观和个体特征（De Keyser et al.，2015）。CXM 主要关注创造出积极至卓越的 CX，后者在 ISO 23592 中被定义为"显著优于通常顾客体验"的（ISO 23592：2021）。在这个背景下，应该强调的是公司只能为积极的 CX 提供基础（Becker & Jaakkola，2020）。最终，每个顾客决定与公司之间的互动在多大程度上被归类为积极、中性或消极。此外，先前的经验会影响当前和未来的 CX（Lemon & Verhoef，2016）。

作为专家访谈的一部分，CX 领导者被问及他们对卓越 CX 的个人定义或描述。专家认为，CX 首先应满足核心基本决定因素，使 CX 被视为积极的，并在此基础上判断为卓越的。基本决定因素包括能力、友好度、性价比、速度、简单程度和质量，一位专家总结如下："如果我的对手，为我提供这种体验的公司，可以说，如果他们有能力，如果他们友好，……如果他们也有一个公平的性价比，如果他们不会让我永远等待……如果流程简单，质量好。"此外，对于一些专家来说，"保持循环"与积极的顾客体验有关，即顾客流程的当前状态是已知的，并且是透明的。在这种情况下，一位专家解释如下："……我很清楚下一步是什么。"

为了被认为是出色的顾客体验，特定的决定因素在访谈中得到了明确的确定。例如，这里要提到主动性和预测性。正如一位专家所描述的那样："对我来说，最好的顾客体验就是当我实际上不必明确地担心发生了什么事情，但它们以某种方式来到我身边。"对于另一位受访者来说，出色的顾客体验的特点在于公司"在一定程度上预测了我的顾客流程。换句话说，我被提供了服务，或者公司已经提前考虑并支持我，在购买决策方面相应地提供帮助。"另一位顾客体验专家强调灵活性和对顾客

需求的响应，"也许与你互动的人只是偏离了脚本，没有按照标准进行互动。"

此外，一位专家提到并解释了"人类的光辉"这个流行词："如果你遇到一名员工，一名服务人员，他凭直觉做每件事，他会从你的嘴里读到你的愿望，甚至会想得更远。这不是因为它在教科书上，也不是因为它是照本宣科的，而是因为他完全理解你想要什么，甚至更进一步，从而让你高兴。"另一位 CX 专家也有类似的说法，"我认为顾客体验的核心是中间的人。最终，顾客体验是相对于你交付的人。所以，对我来说，伟大的顾客体验是了解人类是谁，并根据他们的喜好、期望和情感状态以及周围的其他一切来量身定制。"另一位顾客体验专家也持相同观点，"对我来说，熟悉但不熟悉。就像你知道我是谁，你知道我作为一个顾客需要什么，你让我很容易得到这些东西。但这从不让人觉得有侵略性。……就像你找到了合适的界限，确保我作为一个顾客得到我需要的一切，但你从不越过那条界限。"此外，专家们强调了创造卓越顾客体验的欣赏问题。例如，一位顾客体验领导者谈到了在收到满意和不满意的顾客反馈后联系他们的积极影响："我通过致电顾客并说'感谢您的反馈，我们还能为您做些什么？'等来表达对顾客的感激之情。"另一位受访者确认感激之情与体验出色的顾客体验相关，"在此过程中，我始终感到自己很有价值"。

反复提到了"惊喜时刻""令人惊叹的体验"和"超出期望"这些词，正如一位专家所说："非凡之处就是当事情发生时……顾客完全没有预料到。"另一位专家也类似地报告说："如果人们友好并且付出额外努力，完全超出了我的期望。"因此，这些让人惊叹的体验塑造了顾客体验（CX），通常会给顾客带来情感上的触动。作为一种情感体验，它通常会被顾客长时间记住，而这些正是在顾客需要决定是否继续与公司合作的情况下所回忆起并起到决定性作用的体验。

图 8-4 总结了上述正面顾客体验的决定因素。浅灰色部分的决定因素是正面顾客体验的必要基础，而深灰色部分的决定因素则促进了卓越的顾客体验。

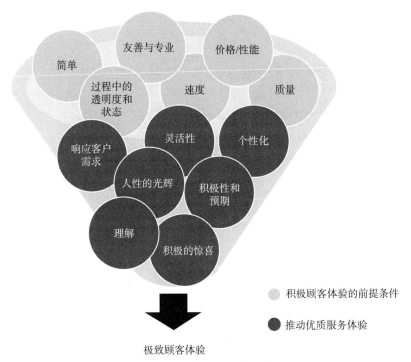

极致顾客体验

● 积极顾客体验的前提条件

● 推动优质服务体验

图 8 – 4　从积极到出色顾客体验的决定因素

4. CXM 的成功因素

最后，在专家访谈中识别确定了 CXM 的六个关键成功因素。本部分将介绍这些成功因素，如图 8 – 5 所示。

4.1　高层管理的支持

CXM 成功的决定性因素是高级管理层的支持。顾客体验领导者的以下声明证实了这一点："公司专注于顾客必须始终是高级管理层的意愿。此外，从公司的角度来看，绝对需要管理层的支持。整个高层管理和中层管理都必须支持顾客体验计划以使其发挥作用。"在这一点上，CX 专家的另一个非常真诚的话值得一提，"我通常不是那种说董事会必须首先做

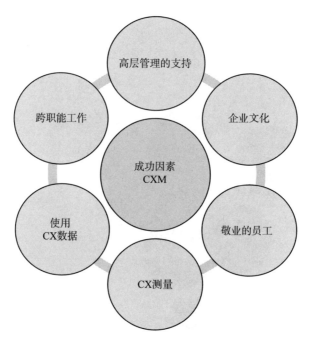

图 8 - 5　CXM 的成功因素

到的人，但这也是其中的一部分，高层管理人员要以身作则。"一位为公司提供顾客体验咨询的专家在此背景下提及："我见过的最好的例子是那些 C 级别的人参与其中，有一个项目发起人，有一个清晰的路线图。一旦你在高层找到了正确的利益相关方，那么其他事情如资源、预算等往往就会被释放出来。"另一位受访者解释了高层管理的重要性，他说："我可以尽力告诉每个员工他们应该改变行为，但如果这不是来自董事会的要求……只要董事会不完全支持并以身作则，……这是行不通的。"此外，由高层管理推动的连续性和长期战略对于可持续的实施成功也至关重要。

4.2　合作文化

为了实施一个成功的顾客体验计划，需要适合的企业文化。这一要求已经被一些专家学者（Homburg et al., 2017）强调，并且在本书中得到了确认。在访谈中，重要的是反复强调，顾客体验的主题必须根植于公司并在公司内部实践，才能取得成功。例如，一位专家强调道："如果整个组织对此不感兴趣，不去实践和不在日常活动中实施，那么在这一点上有一个专门的部门也没有用。那只是做了一个漂亮的幻灯片（PPT），但在运营层面上并未真正付诸实践。"以下陈述相应地突出了同样的必要性："组织中的员工必须参与其中，并且他们必须有所实践。否则，整个工具和伟大的技术将毫无用处。我一直认为这是一个问题，许多人总是认为只要他们现在引入了一些'花哨'的顾客测量工具，一切就会好起来，剩下的事情会自动完成。而事实上，剩下的部分才是耗费精力的部分。"

据一位顾客体验顾问称，为了在一家公司中成功建立顾客体验管理（CXM），通常需要进行一次变革。他解释并证明了这一点，如下所述："这通常与一次变革相伴而行。因为从顾客的角度思考，并且克服部门之间的障碍，可以说并不是公司本质上的一部分。但是为了这些顾客体验，为了这些改进，他们必须这么做。这就是为什么我们经常在这个背景下谈论变革项目的原因。"最后，在以下引述中，明确指出了将顾客体验与企业文化联系起来的必要性："如果我只试图将顾客体验包装成测量方法、数据和事实，将其视为我想管理的关键绩效指标，而不将其作为企业文化的一部分，并且没有相信它有效、它对与顾客建立良好关系至关重要，那么在那一点上我很可能会失败。"

4.3 敬业的员工

员工在积极或消极的顾客体验中起着独特的作用。因此，一位接受采访的顾客体验领导者恰当地将其命名为："最大的挑战是人，最大的成功因素也是人。尤其是在服务中，因为他们可以带来积极和消极的影响。"另一位专家补充说："快乐的员工——快乐的顾客，你要关心员工的福祉，因为这会产生影响。"同样，一位专家也说明了这种联系："基于一个假设，即顾客体验永远不可能比照顾顾客的员工的体验更好。因为如果员工没有安全感，处于混乱之中，那么顾客就会感受到这一点，那么顾客体验就不再完美。"因此，员工是积极顾客体验的决定性成功因素。

4.4　顾客体验的测量

为了更多地了解顾客对 CX 的看法，询问顾客的看法和意见至关重要。这样，作为一家公司，您就可以获得真实的顾客视图。一些专家（Lemon & Verhoef，2016）的研究强调了顾客体验测量的重要性，定性研究也支持了这一点。在这种情况下，一位专家澄清说："过去，我们认为我们的思维方式对顾客有利，但是事实上他们不希望这样。"同样，另一位受访者肯定地说："如果不问顾客喜欢什么，通常很难看出顾客喜欢什么。"一位专家解释说："你也必须让它变得有形和可衡量。"因此，CX 领导者使用定性和定量方法来衡量 CX。最常用的方法是顾客调查。最近，调查倾向于实时反馈，以获得顾客的意见，而不会出现时间滞后。在一个地方收集 CX 数据（例如在仪表板上）是最有价值的。由此，可以提取净推荐值（NPS）、顾客满意度得分（CSAT）、顾客满意度指数（CSI）或顾客努力得分（CES）等顾客体验指标，并随时间进行比较。此外，社交媒体分析和语义的使用，使人们可以在不直接询问顾客的情况下，更多地了解顾客体验。此外，直接与顾客接触的公司员工是信息的重要来源，不容忽视。将 CX 数据与运营数据联系起来进行分析，有助于全面了解 CX。这些数据还可以连接到 CRM 系统，以获得顾客的 360 度视图。在此背景下，一位专家强调道："测量固然重要，但对我而言，测量只占到了……大约顾客体验管理的 20%。另一方面是真正地与之合作，并改进某些方面。"这个陈述引导我们来看下一个顾客体验管理中的成功因素，即使用顾客体验数据。

4.5　使用顾客体验数据

刚刚描述的顾客体验测量对于管理顾客体验至关重要。然而，在不积极使用数据的情况下，改善顾客体验将无法取得任何进展。在这一点上，两个采访中的引述值得一提："……从我的角度来看，重要的是你不要为了测量而测量，而是为了得出措施。"此外，"……测量不是结束的一切，而是一个开始。"因此，公司应该深入研究顾客体验的洞察结果，并得出措施以最终优化它。为此，重要的是在公司内积极传播所获得的洞察，并提供给相关部门使用。此外，正如一些专家（Becker & Jaakkola，2020）在本书中所描述并确认的那样，应该持续审查采取的措施及其成果，并在必要时进行调整。

4.6　跨部门合作

另一个成功因素是跨部门合作，以创造积极的顾客体验。多学科方法的必要性已经得到了一些专家（Lemon & Verhoef，2016）的支持，并得到了接受采访的专家的证实。在这方面，一位专家强调："不要把部门利益放在第一位；毕竟，每个人都代表顾客工作，只有顾客满意，才能支付薪水。"在这里，重要的是，各个部门不要遵循"孤岛思维"，而是要共同实现无缝、无忧的顾客体验。因此，可以临时组建团队，或者建立不同部门之间的定期交流。正如一位专家澄清的那样："例如，你必须将产品人员与提供相关服务的人员聚集在一起。这样你就可以开发出更容易由服务团队提供服务的产品。"对于顾客来说，有多少不同的部门参与提供产品或服务并不重要，对他或她来说，与各自公司的整体体验应该是无缝的。因此，需要跨部门的交流，通常由 CX 部门发起。与此持类似观点的一位专家强调了总部 CX 团队存在的重要性："你需要一个总部团队来引导和推动整个过程，并以正确的心态来对待它。"

5. 结论

在可替代产品增多和竞争日益激烈的情况下，创造积极出色的顾客体验对于将一家公司与其他公司区分开来，并使其留住顾客发挥了关键作用。顾客体验管理（CXM）可以影响积极的顾客体验的创造。作者进行的探索性定性研究提供了关于实施 CXM 以及 CXM 成功因素的有益见解。由于一家公司需要满意、满足和特别是忠诚的顾客才能在市场上成功存活，因此 CXM 主题在未来将继续发挥决定性的作用。

参 考 文 献

[1] Anderson, E. W. and Mittal, V. (2000). Strengthening the satisfaction-profit chain, Journal of Service Research, 3 (2), pp. 107 – 120.

[2] Becker, L. and Jaakkola, E. (2020). Customer experience: Fundamental premises and implications for research, Journal of the Academy of Marketing Science, 48, pp. 630 – 648.

[3] Bruhn, M. and Tuzovic, S. (2002). The management process of relationship marketing, Proceedings of the 10th International Colloquium in Relationship Marketing, Kaiserslautern, pp. 483 – 497.

[4] De Keyser, A., Lemon, K. N., Klaus, P. and Keiningham, T. L. (2015). A framework for understanding and managing the customer experience, Marketing Science Institute Working Paper Series, Report No. 15 – 121.

[5] Gartner (2019). Gartner for marketers: 2019 Customer experience management study: Marketers take more control as CX expectations and budgets rise, https://emtemp.gcom.cloud/ngw/globalassets/en/marketing/documents/2019 – cx-management-study-research.pdf, accessed 01/12/2022.

[6] Holmlund, M., VanVaerenbergh, Y., Ciuchita, R., Ravald, A., Sarantopoulos, P., Villarroel Ordenes, F. and Zaki, M. (2020). Customer experience management in the age of big data analytics: A strategic framework, Journal of Business Research, 116, pp. 356 – 365.

[7] Homburg, C., Jozić, D. and Kuehnl, C. (2017). Customer experience management: Toward implementing an evolving marketing concept, Journal of the Academy of Marketing Science, 45 (3), pp. 377 – 401.

[8] ISO 23592: 2021 (2021). Service excellence: Principles and model, Geneva.

[9] Kranzbuehler, A. – M., Kleijnen, M. H. P., Morgan, R. E. and Teerling, M. (2018). The multilevel nature of customer experience research: An integrative review and research agenda, International Journal of Management Reviews, 20, pp. 433 – 456.

[10] Lemon, K. N. and Verhoef, P. C. (2016). Understanding customer

experience throughout the customer journey, Journal of Marketing, 80 (6),
pp. 69 – 96.

[11] Ma, J., Gao, J., Scott, N. and Ding, P. (2013). Customer de-
light from theme park experiences: The antecedents of delight based on cogni-
tive appraisal theory, Annals of Tourism Research, 42, pp. 359 – 81.

[12] Qualtrics (2020). Insight report, The global state of XM, 2020:
Survey of 1, 292 executives from Australia, Canada, France, Germany, Ja-
pan, Singapore, U. K., and U. S., April 2020, https: //www. qualtrics.
com/xm-institute/global-state-of-xm – 2020/, accessed 01/12/2022.

[13] Reichheld, F. F. (2003). The one number you need to grow, Har-
vard Business Review, December, Reprint R0312C, pp. 1 – 11.

[14] Reichheld, F. F. and Sasser, W. E. (1990). Zero defects: Quality
comes to services, Harvard Business Review, 68 (5), pp. 105 – 111.

第 9 章

设计和更新极致的顾客体验

航空服务4.0：数字化服务如何改善旅行体验

比约恩·贝克尔（Björn Becker）

【摘要】

尽管旅游业的客户情感投入高于平均水平，但该行业普遍呈现出标准化且价格竞争激烈的特点。除了网络和连接性之外，出色的服务、信息和优惠活动能够以特定方式陪伴并支持旅行者，从而提升他们的旅程体验，这是该市场中实现差异化的一个关键。特别是考虑到 2020 年和 2021 年新冠疫情极大地加剧了竞争环境，一个良好且周到的旅行体验变得愈加重要。在单位成本驱动的行业背景下，要想实现服务升级需要高效、综合地利用各种服务渠道，从而把握信息和服务行业数字化所带来的机遇。汉莎航空集团正在推行一项服务战略，力求从竞争中脱颖而出。

1. 汉莎（Lufthansa）集团的介绍

2019 年，汉莎集团以 360 亿欧元的收入和超过 13.8 万名员工成为全球最大的航空集团之一。在这一年，汉莎集团产生了 20 亿欧元的息税前利润，并以 5.6% 的息税前利润率再次成为市场上最盈利的航空集团之一。该集团在新产品、服务、飞机和生产设施上投资了超过 35 亿欧元（2020）。2020 年，由于冠状病毒大流行，收入下降了 63%，降到 135 亿欧元（2021）。

该集团的核心由 500 多家公司组成，包括最大的几家航空公司：汉莎航空、瑞士航空、奥地利航空、欧洲之翼航空和布鲁塞尔航空。

近年来，汉莎集团经历了深入的现代化进程，以应对航空市场产能过剩和价格战等挑战。正是得益于这一深入且有时痛苦的过程，才能在 2019 年取得优异的经济成果，在持续的市场整合过程中发挥积极和塑造性的作用。

现代化的一个方面是在销售和服务中一贯使用数字可能性。而 20 世纪 90 年代的合理化项目主要是为了实现单位成本优化，通常是以减少服务量（例如将流程 1：1 转移到顾客）为代价的，数字化提供的机会在于将改善的顾客服务与同时优化的单位成本相结合。汉莎集团枢纽航空公司（品牌包括汉莎航空、瑞士航空和奥地利航空）近年来一直致力于改进和支持它们的数字服务，这也体现在它们获得的相应奖项上（例如 2017 年欧洲最具创新力的未来旅行体验航空公司、国际航空运输协会快速旅行白金地位、Skytrax 5 星航空公司）。

新冠疫情大流行也给汉莎集团带来了生存的挑战。但即使在这段时间里，当几乎所有的项目都不得不停止时，该公司仍然推进数字化和结构改革，以便在交通恢复时以高效的结构和差异化的服务重新启动。此外，在传染病防护和移民文件要求大幅增加的复杂性背景下，数字化和无接触服务在新冠疫情期间变得更加重要，这只能通过智能服务渠道的融合来实现效率和个性化支持。

2. 航空市场中的差异化服务策略

许多年来，航空旅行市场一直以过剩产能、票价下降和服务标准化为特征。除了安全（包括疾病传染的控制）、可靠性和网络质量等基本需求外，从顾客的角度来看，许多航空公司是可以互相替代的。因此，在顾客服务方面的出色表现是与其他公司区分开来的几种方式之一，也是纯价格竞争策略的重要组成部分。同时，通常充满情感的旅行体验（例如成功的假期的积极体验，以及发生异常情况时的消极体验）为实践优质服务提供了许多机会，从个性化的惊喜时刻到迅速、专业和周到的服务恢复都是如此。

在生产航空旅行服务方面，航空公司在很多方面依赖于系统合作伙伴

（例如机场、空中交通管制、往返机场的地面运输），这些合作伙伴发挥着重要作用，但大多数航空公司无法直接影响它们。特别是基础设施，往往无法跟上多年来每年约5%的稳定的乘客增长（IATA，2017）。这一发展在2020年和2021年有所放缓，但可能并没有从根本上停止，而由于票价下跌导致的单位成本持续压力导致了对创新的日益增长的需求。其目标是以较低的单位成本不断提供更好和更个性化的服务，而不受当地基础设施的限制，同时更有针对性地将人的服务作为真正的差异化因素。

如果运用得当，数字化可以显著缓解优质服务、成本压力、传染控制和基础设施短缺之间的紧张关系。

3. 数字化转型和优质服务的机会

"数字化转型"这一术语定义为通过使用数字技术和技巧以及其所产生的影响，在日常生活、经济和社会中发生的重大变革（Pousttchi et al.，2019）。

因此，数字转型不是仅指IT项目的发展；相反，它是一种整体方法，旨在让组织适应敏捷工作方法，并实现更快的行动和反应速度，以满足社会快速变化的需求，从而满足顾客的需求。这通常起始于需要较长时间的计划和预算过程，再到决策和发布规定，并延伸到涉及的人员知识和态度，特别是在不确定性下的治理、规划、市场推广和决策方面。

与此同时，很少有话题像数字化和数字化转型这样，被肤浅的论文强烈地描述。很少有人会脱离"颠覆""敏捷""创新"等流行语，具体讨论这些发展为业务流程和服务提供的机遇。造成这种局面的背景是多方面的：一方面，由于近年来发展相对较快，仍存在大量未知和不确定性。根据一项研究，92%的DAX执行董事会没有明显经历过数字化带来的挑战和机遇（Die Zeit，2017），而这种情况在管理层以下往往并没有好多少。另一方面，实际和所谓的威胁性破坏会带来强烈的反应和变革压力。许多公司正试图在这种情况下找到自己的出路，但很少有公司能够找到一个全面的、同时可操作的战略来将数字化用于实现公司的目标（Mckinsey，2018）。

有学者（Pousttchi et al.，2019）定义了公司数字化转型所作用的三个维度：价值创造、价值主张和顾客互动。价值创造是指实现数字化效益所需的内部流程和结构的优化；数字化转型对价值主张的影响涉及产品、服务和收入模型，即改进现有服务并优化相关收入模型；顾客互动维度指的是直接与顾客沟通和互动的潜力，所有这三个维度都与航空公司等服务公司高度相关。

汉莎航空通过将其数字化转型划分为三个阶段（见图 9 - 1）来使其系统化：运营流程的数字化、顾客服务的改进和新的商业模式。

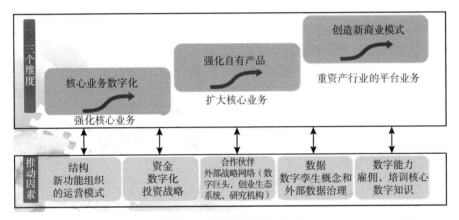

图 9 - 1　数字化的三个阶段

第一阶段和第二阶段旨在改善现有的核心业务，同时第三阶段涉及具有颠覆性潜力的新商业模式的机遇和风险。此类商业模式的例子包括亚马逊塑造的在线（图书）贸易、创新交通概念（例如，优步）或音乐流媒体服务（例如，Spotify）。它们的共同点是，它们以基本的运营方式攻击并改变了现有市场及其商业模式（例如实体书店的图书销售）。这并不一定意味着这个市场正在完全解散。2005 年后，德国实体书店的图书销售市场份额从 54.8% 降至 2019 年的 46.2%，但是它并没有崩溃（Börsenverein，2016；2020）。然而，这增加了现有市场参与者制定独特卖点并向顾客展示自己与竞争对手的区别的压力，不迅速做出反应并调整其商业模式和顾客关系的市场参与者将会消失。自 2020 年初以来的疫情发展进一步加速了这些变化。例如，由于向电子商务的转变，零售业对变革的需求正在增加，人们对航空公司的压力也在增加，因为人们已经习惯了视频会议或在国内度假。在增长较弱的阶段，顾客忠诚度变得更加重要，例如通过高的净推荐值（NPS）和有意义的至少是最重要的顾客建立顾客关系。

第一层面和第二层面为服务改进、运营流程改进、成本降低以及竞争优势打开了重要的潜力，有助于争夺市场份额。第一层面侧重于将核心运营流程数字化，例如在工业领域的生产过程或服务行业的服务执行。具体到航空公司这一情况，它包括出发口的运作流程、员工值机、联系中心或飞机处理。第二层面主要关注直接影响顾客的产品和服务。对航空公司而言，这些服务通常通过应用程序、即时消息和机场自动售货机等数字化渠道提供。

数字化转型本身不是目的，而是达到目的的一种手段——在这种情况下就是优质服务。为了实现这一目标，有必要对内部运营流程和顾客接触点进行数字化支持，并将它们连接起来。只有这样，数字化的全部潜力才能得到充分利用。这种方法可以与工业 4.0 的概念进行比较，工业 4.0 的概念以数字和实时的方式将生产链中的所有参与者联系起来，从而在物流和生产控制方面实现效率的提升（BMWi，2022）。

4. 汉莎集团航空公司的服务设计

4.1 服务策略

随着数字化带来的机遇，服务开发的方法也发生了变化：在几年前，自助服务的主要目标是自动化和简化（主要是为了降低成本），但数字化使公司有机会开发既能降低单位成本又能提供更好顾客体验的服务。

图 9-2 显示了航空公司通过多个渠道提供旅行链上的服务。除了传统的柜台个人服务外，电话、电子邮件、社交媒体、在线联系表格以及信函和传真等方式也提供个人服务。在这些模拟和数字渠道背后，有一名服务员工负责接收查询，研究相关背景，并通过同一个或其他渠道再次联系客人以开发并提供解决方案。

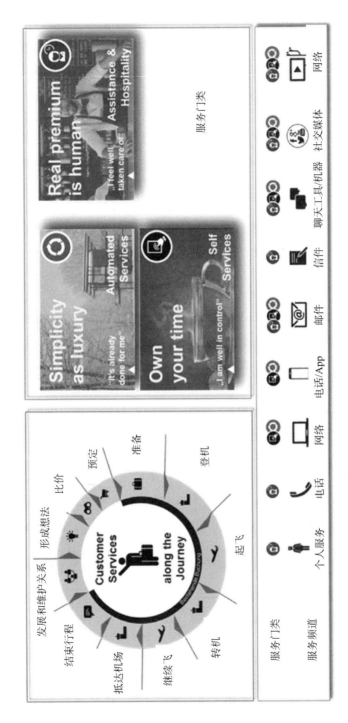

图 9-2　旅游链中的服务类别和渠道

其他渠道包括网站上的自助服务（例如，http：//www. swiss. com）、应用程序（例如，汉莎航空应用程序）或机器（机场的登机或自助行李托运机）。这些服务的本质是，它们通过用户流程半自动地引导客人，并根据渠道的不同，提供或多或少独立于基础设施和开放时间的服务。

在过去 1~2 年，越来越多的完全自动化服务加入使用，主要由在社交媒体渠道、网站或应用程序上工作的聊天机器人提供支持。最初，不再是由员工为客人回答问题或进行交易，而是计算机像人类一样行动和交流（Mulfati，2020）。

为了在旅程中跨越这些不同渠道实施"航空服务 4.0"概念，航空公司必须考虑其服务设计的基本方面。服务应该是有针对性的、整合的、直观的和预测性的：

• 各个接触点必须有针对性地使用。简单、标准化的交易可以通过数字渠道以自助方式甚至完全自动化的方式进行，并且仅显示其结果。一个例子是简单地办理登机手续，客人可以通过自助甚至完全自动化的形式来完成（客人在离开前 24 小时会自动收到登机牌，通过应用程序消息、电子邮件、短信或社交媒体消息）。

• 在这两种情况下，客人都不受机场基础设施和预定时间的限制，因此在旅行计划中可以获得更多的自由。同时，航空公司可以将稀缺的基础设施和机场的个人服务集中在更复杂的案例、必要的援助和热情好客上，从而更有针对性地使用它们。

• 必须从顾客的角度整合渠道。当在渠道之间切换时，例如从聊天机器人切换到人工联络中心代理（因为问题无法由聊天机器人解决），必须通过自动信息交接等方式创建集成体验。客人不应该在每个接触点上都重新陈述他们的请求，所有接触点都必须拥有关于顾客先前旅程和与服务相关的经验的相同信息，以便航空公司能够以同情和知情的方式回应客人。

• 通信和交易必须直观易懂。旅行，尤其在疫情后，是一个复杂的服务领域，需要满足许多不同的要求。除了航空公司自身的安全要求外，还有涉及的国家的信息和安全要求（如签证、健康和入境手续），集成行李物流，团队旅行，票价系统等。这产生了一个由许多参与者组成的复杂系统，在某些情况下，还有互相依赖的流程步骤。服务必须"隐藏"这种复杂性，引导客人，从而创造积极、安全的体验。

- 服务应该具有两方面的前瞻性：一方面，向客人提供下一步的建议，这对他们个人来说是有意义的，还可以在必要时直接提供所需的信息或合适的报价。至关重要的是，这项服务是个性化和情境相关的，因为同一位客人在不同的情况下可能会有不同的需求（例如，被称为商务旅行者的顾客与家人一起度假飞行）。

- 另一方面是预测性问题预防，即预先避免旅行链中下一步可能出现的问题。这种方法与工业 4.0 概念中的预测性维护方法类似。基于对其先前旅行经验和当前运营情况（例如延误）的数据分析，预测每个乘客旅行链中的问题，并制定或提供解决方案。汉莎航空集团已经为其顶级顾客群提供了这样的服务，通过扫描客人的旅行历史预防性地解决可预见的问题（例如，乘客明天应该从纽约飞往慕尼黑的飞机由于另一个航班延误，无法弥补，因此将在慕尼黑延误到达，这反过来会导致乘客错过转机航班。基于此，可以寻找解决方案并联系客人提出适当的建议，尽管他们直到现在才知道会有问题）。其他可能性是可预测的安检口长时间等待，可以尽早意识到这一点。数字化和数据分析的可能性为航空公司提供了将此类服务扩展到更大顾客群的机会，从而服务于更多乘客。

汉莎航空通过自动服务、自助服务和协助与招待服务这三个服务类别来操作这些原则，可以在图 9-2 中看到。

- 自动服务

服务是自动提供的，以使旅行者的旅程尽可能舒适和轻松。只要所有必要的信息都可获得并且客人无需做出选择或已经做出选择，这就总是可能的。在上述自动办理登机手续的例子中，乘客必须在预订时提供所有必要的旅行信息，并在必要时提供座位偏好。此类服务的指导原则是"已经为我完成了"——作为客人，我不再需要担心任何事情；旅行链中的下一步或问题的解决方案会自动传递给我。该类别的另一个例子是在不正常情况下自动重新预订机票或预订酒店。因此，在这个已经不愉快的情况下，客人面临问题的同时还直接得到了一个建议的解决方案，他/她可以接受或再次调整（通过自助或协助服务，见下文）。

此类服务还包括与旅行相关的通知，这些通知使旅行者随时了解他们的旅行和接下来的步骤（例如登机口变更、登机、行李状态等）。最近的一个例子是在汉莎航空应用程序或顾客资料中存储疫苗接种信息，这些信息在办理登机手续时自动使用，以处理必要的文件检查。

对于客人来说，直观的服务设计至关重要，以便他/她能够理解已经为他/她采取了行动。否则，这可能很快导致不确定性，特别是对于经验不足的旅行者而言。在这种情况下，通过提供有针对性的下一步信息和推荐操作，以及关于潜在问题领域的提示（例如出发时的安全检查等待时间），来实现提前预测服务的原则。

- 自助服务

如果信息或选择仍然可用或交互是必要的，那么自助服务是低到中等复杂度服务的首选。这些服务通常基于通知（例如办理登机手续或行李状态的邀请）。客人通过行动做出回应，例如在他们的移动设备上操作。此类服务的指导原则是"我控制得很好"，这意味着服务为客人提供了自由决定何时何地使用的权利。办理登机手续和行李准备不再必须在机场完成；旅行者可以选择在家或酒店使用自助办理登机手续和自助行李标签，直到他们不再需要在安全检查前等待。特别是在疫情流行期间，复杂的入境规定对旅行者来说额外的好处是，他们可以通过一套类似清单的程序确保所有必要的准备工作已经完成，并且他们的文件足够齐全之后，才开始他们的旅途。

- 协助与招待服务

在数字化不断发展的时代，个人服务成为实现优质服务的差异化战略基石。其他航空公司也认识到员工作为主人和问题解决者的重要性，并将其置于重要位置（Wirtz et al.，2015）。至关重要的是，要以有针对性的方式使用有限的个人服务——尤其是高端服务中的托管服务，以及在复杂或情绪化的情况下提供援助（例如在国外错过转机航班），在这种情况下，人与人之间的联系可以消除旅行者的不确定感，让他们感受到有人关心他们。

这样的任务使员工面临变化，其中一些变化相当大：传统的员工任务领域特点是具有有限但深厚的专业知识（例如作为值机代理），而现在需要的是通才，他们可以理解流程，有时需要跨越多个飞行航段，并制定解决方案。他们不必在所有主题领域都是专家，但需要有适当的后台联系人以在需要时提供帮助。这里更重要的是流程思维、对优质服务的强烈关注和解决方案导向，因为个人服务的要求是顾客从他们的第一次接触中获得帮助，无论他们联系的是谁。

如图 9 − 3 所示，只有有针对性地使用所有服务渠道和类别，才能成功地关注接触点。

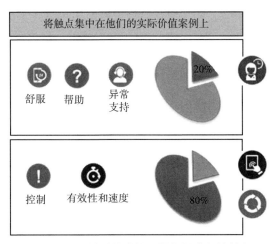

图 9 − 3　有针对性地使用服务渠道和接触点

只有当大多数标准化交易可以通过自动化服务和自助服务处理时，才有可能将个性化服务用于必要的差异化。例如，并不是只有个性化服务才能在不正常的情况下提供帮助。恰恰是在这里，由于个性化服务的可扩展性有限，需要其他服务类别的支持，以便能够快速有效地为乘客提供信息和解决方案。一个很好的例子可以说明这一点，那就是新冠疫情危机期间的电话浪潮：在危机期间，航班必须提前几个月取消。这种长期取消的情况对航空公司来说是非常不寻常的，因此没有数字自助服务可供顾客重新预订或取消航班并将退款返回，每个人都必须打电话。呼叫中心的电话数量是正常情况的十倍之多，也会由此导致等待时间长和呼叫失败。

在这个背景下值得一提的一个发展是飞机上网络连接提供的新可能性。尤其是在欧洲和美国，跨洋长途航线的技术可能性正在迅速发展。它们除了能够提供航班期间的娱乐信息之外，还可以提供以上提到的所有服务类别。从顾客的角度来看，这为他们带来了新的可能性，特别是在服务恢复的情况下，也包括社交服务。可以预见的是，随着这一发展，机上的服务理念也必将超越当前的安全、热情好客以及食品和饮料供应。

4.2 服务设计方法

汉莎航空集团航空公司的服务是根据顾客旅程管理方法和设计思维方法开发的。在这个过程中，旅程被描绘成（部分）旅程，具有不同的抽象层次和细节水平，以捕捉旅行者在旅程中不同情况下的情境、信息需求、经验和情绪状态，并确定痛点。

一个服务原型模型被使用，其中首先要借助顾客旅程管理方法运行所谓的"发现"和"描述"循环，其次解决在构思和原型研讨会中发现的痛点。设计思维的主要焦点是与客人体验产生共鸣（Kolko，2015），考虑到这一点，顾客旅程管理研讨会使用三个非常直观的指导问题：

（1）我们的客人现在正在体验什么？

（2）我们的客人现在有哪些问题和信息需求？

（3）我们的客人现在感觉如何？

记住上面提到的三个核心问题有助聚焦于顾客的视角并共情于他们的经历。特别是，在服务体验中始终采用顾客的视角是一个挑战，因为项目团队经常面临过于专注于流程和生产导向的思维方式的风险，以及在整个旅行链中忽视顾客视角的风险，而倾向于在自身项目背景下采用特定形式的优化。还有一个要素是顾客共创会，在顾客实验室中共同开发服务或用户界面，应用原型方法并使用直接的顾客反馈。

基于引入这种工作方法到德国汉莎航空集团航空公司的背景，我们设立了专门的技术岗位，负责旅客的各个环节的旅程，并设立了监督该工作方法执行情况的岗位。这使得组织更加高效，能专注于技术专长和新的工作方法，从而发现新的见解和服务改进。

5. 总结和展望

由于数字化和引入新的工作方法，如设计思维和顾客旅程管理，服务开发（设计）在最近几年取得了显著进展，并已成为所有以顾客为中心的公司的标准。数字化将继续为服务行业提供巨大机会，以支持内部和以顾客为中心的流程，改善服务并降低成本。无论是哪个具体行业，成功的提供者都将是那些成功利用和整合不同服务类别的机遇和优势，以区别于竞争对手的企业。

汉莎集团航空公司已经采用这些方法并利用这些机会以实现顾客服务的显著改进。即使这个要求还不能在任何地方和每个情况下完全满足，但已经设定了明确的目标，踏上了正确的道路，并且在行业反馈、市场地位，以及最重要的，来自客人的日常反馈中，许多改进已经是显而易见的。

参 考 文 献

［1］ BMWi（2022）. Industrie 4.0, Federal Ministry for Economic Affairs and Climate Action, www. bmwi. de/Redaktion/EN/Dossier/industrie - 40. html, accessed 01/11/2022.

［2］ Börsenverein（2016）. Buch und Buchhandel in Zahlen 2016［Book and book trade in figures 2016］, Börsenverein des Deutschen Buchhandels e. V.

［3］ Börsenverein（2020）. Das Buch in Zeiten von Corona – Perspektiven für den Markt［The book in the coronavirus crisis：Prospects for the market］, Börsenverein des Deutschen Buchhandels e. V. , https：//www. boersenverein. de/tx_file_download? tx_theme_pi1% 5BfileUid% 5D = 5485&tx_theme_pi1% 5Breferer% 5D = https% 3A% 2F% 2Fwww. boersenverein. de% 2Fmarkt-daten% 2Fmarktforschung% 2Fwirtschaftszahlen% 2F&cHash = fbcae2ddefcbf1a8897e3e6c4a9c3c4, accessed 08/05/2021.

［4］ Die Zeit（2017）. Aus der alten Welt［From the old world］, Die Zeit, No. 40, 09/28/2017.

［5］ IATA（2017）. Economic performance of the airline industry：End 2017 update, www. iata. org/economics, accessed 01/11/2022.

［6］ Kolko, J.（2015）. Design thinking comes of age, Harvard Business Review, September, pp. 66 – 71.

［7］ Lufthansa（2020）. Lufthansa Group：Annual Report 2019, https：//

investor-relations. lufthansagroup. com/fileadmin/downloads/en/financial-reports/annual-reports/LH – AR – 2019 – e. pdf.

［8］ Lufthansa （2021）. Lufthansa Group：Annual Report 2020, https：// investor-relations. lufthansagroup. com/fileadmin/downloads/en/financial-reports/annual-reports/LH – AR – 2020 – e. pdf

［9］ McKinsey （2018）. Why digital strategies fail, https：//www. mckinsey. com/business-functions/mckinsey-digital/our-insights/why-digital-strategies-fail, accessed 01/10/2022.

［10］ Mulfati, J. （2020）. Airlines use chatbots to automate customer service as requests soar, https：//apex. aero/articles/airlines-chatbots-automate-customer-service-requests-soar/, accessed 01/11/2022.

［11］ Pousttchi, K. , Bouzzi, B. , Gleiß, A. and Kohlhagen, M. （2019）. Technology impact types for digital transformation, 2019 IEEE 21st Conference on Business Informatics （CBI）, https：//www. researchgate. net/publication/335362246_Technology_Impact_Types_for_Digital_Transformation, accessed 01/11/2022.

［12］ Wirtz, L. , Heracleous, N. and Pangarkar, N. （2015）. Managing human resources for service excellence and cost-effectiveness at Singapore Airlines, Managing Service Quality, 18 （1）, pp. 4 – 19.

第 10 章

设计和更新极致的顾客体验

美味缔造健康未来！海利斯医院将品质美食作为一种创新的顾客体验

卡斯腾·K. 拉特（Carsten K. Rath）

恩里科·延施（Enrico Jensch）

【摘要】

自新冠疫情暴发以来，人们的健康已经成为全球政治和社会的主要讨论话题。在日益受到监管的医疗行业中，尽管没有实质性依据，但将私立医院重新纳入市政管理之中目前已引起争议。然而，未来不应该被重新市政化和进一步监管；相反，新的整体化、跨部门、数字化补充的医疗护理和服务形式似乎更有前景。企业家和"德国第一服务专家"（n-tv）卡斯腾·K. 拉特（Carsten K. Rath）和海利斯医院（Helios Hospitals）首席运营官恩里科·延施（Enrico Jensch）坚信这一点。通过试点项目"六位厨师，十二颗星"，这两位专家迈出了大胆的第一步。医院的医疗质量如今是人们的期望，但服务和烹饪的品质还未达到。他们在追求这种方法上取得了成功，众多满意的患者为进一步完善这个在德国独一无二且美味的项目提供了动力。

1. 优质服务为日益受监管的医疗行业提供机遇

1.1 德国医疗行业处于停滞状态

2020 年和 2021 年是考验全球医疗行业的艰难的年份。传统的结构和程序在像 COVID - 19 病毒大流行这样的紧张情况下是否仍然有效？在这个阶段，先前隐藏的不足显露出来。此外，大流行明确显示了谁在国际比较中做好了未来的医疗护理准备，谁在（数字化）趋势方面相对滞后。

与德国整体经济相比，医疗行业一直保持着持续增长。与此同时，医疗行业被认为是一个不受危机影响的行业，至少直到最近仍然如此。位于柏林的 Wifor 研究所透露，这个曾经持续发展的行业正在下滑。即使在疫情之前，医疗行业的商品和服务总价值已经下降了 4 亿欧元；同样，在 2018 ~ 2019 年的疫情之前，就业人数也已经开始略微下降。与此同时，约 12,500 家医疗技术公司和 360 家制药和生物技术公司共同创造的就业岗位几乎与德国汽车行业相当（Hempel，2020）。

初看之下，这些数字听起来很有希望。然而，在国际比较中，德国作为世界药房的声誉与其他国家（如美国和亚洲国家）相比正在逐渐失去优势。临床研究、数字化或生物技术初创企业等关键领域的医疗保健创新越来越多地发生在德国以外。到目前为止，这一趋势只是悄然出现，但它是朝着现代化医疗保健未来迈出的重要一步，其重点是基于美国模式的医疗保健专业中心（Klöckner，2021；Olk，2020）。

特别是在这次已经持续两年多的新冠疫情期间，医院的日常运营取决于医生和护理人员的有效部署以及政治决策。效率就像一把达摩克利斯之剑悬在那些只想着一件事的人的头上：确保病人尽可能地健康和快速康复。

在新的环境下，医院现在首先需要一件事：勇气、清晰的愿景和坚定的声音，以在行业中树立一种新的、前瞻性的态度。

多年来，海利斯医院一直在响应这一号召，并用它们的新试点项目"六位厨师，十二颗星"设定了全新的、最重要的是令人愉快的标准。这只是海利斯医院的众多项目之一，这些项目旨在在所有领域实现"优质服务"的目标。

1.2　海利斯医院——经济增长与质量管理相结合

"我们为人们提供终身价值。"

欧洲领先的私立医院——海利斯医院的愿景是以人为本，关注患者，并根据患者的需求进行调整。从患者的角度看问题，预见患者的流程、程序和期望是必须满足的巨大挑战。与此同时，诊所的专家也在不断向前看，思考着跨部门的新型护理模式。

每天约有 73,000 名员工通过专业精神和密切合作来履行提供最高质量结果的使命。每年约有 520 万名患者在海利斯医院的 89 家诊所、123 家医疗护理中心和 6 家预防中心接受治疗。作为费森尤斯医疗集团的一部分，海利斯医院可以接入一个有能力且医疗范围广泛的网络。此外，海利斯医院还是"我们为了健康"（We for Health）诊所网络的合作伙伴，正在开发学习生育和职业医学领域的新技能和专业知识。

创新的强大动力和超越常规的勇气流淌在海利斯医院的血液中。1994 年，赫尔卢茨·米希（Lutz Helmig）博士创立了德国的四家诊所（Bad Schwartau、Bochum、Volkach 和 Bleicherode），并成立了海利斯医院。在接下来的几年里，海利斯医院从一个小型创新性医院运营商发展成为欧洲最大的医院公司之一。稳定的增长、透明度和创新是他们的核心企业价值观，与患者健康并驾齐驱。例如，2005 年，Fresenius（费森尤斯）通过收购维特根斯泰纳医院集团（Wittgensteiner Kliniken Group）来扩大公司。2014 年，海利斯医院从吕尼克姆医疗集团（RHOEN－Klinikum AG）接管了 41 家医院，并在全国范围内确立了更广泛的基础。

以患者为中心，海利斯医院在 1998 年就成为质量管理的先驱者。如今，"测量—改进—发布"体系在德国和瑞士的 410 多家医院中以类似的形式得到了采用。此外，2008 年还推出了"质量医学倡议（IQM）"。自那时起，IQM 的 500 名成员一直在通过同行评审的方式持续审查和改进医疗质量。

"海利斯代表着最佳的医疗质量——我们通过质量指标向我们的患者透明地展示这一点。"恩里科·延施强调道。然而，社会发展表明，德国的医院市场正在经历结构性变化。现在，德国的大多数患者已经习以为常地接受了医疗质量，并且在治疗之外产生了新的需求。延施进一步表示，"卫生保健领域需要进行思维转变：我们必须更多地将患者视为顾客。我们的服务可与其他医院相比较。今天，消息灵通的顾客在决策上更加独立，并寻求更高的性能和服务——他们期望更低门槛的服务和医疗保健。我们的努力必须越来越多地指向创造顾客旅程，并确保人们享受海利斯医疗服务，并长期忠于该品牌。我们相信，服务在这个过程中起着决定性的作用，是未来的新品质。"

这种思维转变一方面是通过将患者视为顾客的新服务理念实现的，另一方面是通过重新思考长期建立的结构实现的。例如，自 2018 年以来，海利斯医院的新业务领域一直致力于扩大海利斯医院提供的服务。这些服务包括医疗护理中心、海利斯职业医学、海利斯预防中心和数字服务。所有这些领域都使用德国范围内的网络和现有的专业知识，轻松快速地开辟新天地。这里的一个重要方面是克服通常僵化的部门界限，这些界限将医院部门划分为"门诊"和"住院"等。

恩里科·延施强调说："我们希望我们的患者能够从单一渠道获得服务，而不必选择这个或那个。无论是预防性健康检查、职业健康咨询、住院治疗，还是与家庭医生或康复诊所的后续治疗，决定因素应该是患者需要什么，而不是他们首先走哪扇门。护理必须能够根据患者的利益按需提供。"这种方法得到了数字平台的支持，如海利斯医院患者门户，为患者提供许多数字服务。

恩里科·延施总结道："我们的行动侧重于为人们提供最好的药物，帮助他们获得并保持健康。"

1.3 医疗保健——但请提供高品质的服务

如果你关注当今医疗行业的媒体报道，你会主要看到：数字、数据和事实。一方面是经济停滞，另一方面是患者数量增加（最近由于疫情导致治疗暂停而出现患者数量下降），以及熟练工人的短缺。作为医疗业务核心的质量管理在公众媒体上没有或很少得到关注。

长期以来，一种变化一直在进行，即治疗后的满意度不再仅取决于医疗质量，还取决于康复过程。这包括从住宿到餐饮、个人互动和沟通等诸多因素，这些人际关系基于一种特殊的态度：服务导向。毕竟，服务是一种适用于所有部门并能够在所有行业中取得积极成果的态度。

作为服务专家，卡斯腾·K. 拉特知道公众话语中缺少什么：顾客导向，或者在这种情况下更确切地说，是患者导向。只有那些将患者置于中心地位，并优先于既定流程的人，才能取得令人满意的结果：快速康复和健康预防。"流程服务于人，而不是相反，"卡斯腾·K. 拉特评论道。

提供的服务只有当受方（即患者）在情感上感知到时才能够好。情感被认为是满意度的重要方面。患者能够立刻感受到护理人员和医生对待他们的态度。当他们需要寻求医疗护理时，他们期望得到来自多个不同地方的服务。他们很少会根据财务数据作出决定，而更多是基于情感。他们希望尽快康复，同时被视为有多种需求的顾客。患者还希望得到优质的服务态度。

您可能将高品质的服务与您在度假胜地度假时享受的服务联系起来。或者，您可能会想到在日常生活中更频繁享受的完全不同的服务，比如去理发店或修车。一开始您可能不会想到去看医生甚至去医院。

"在这方面，优质服务适用于各行各业，与从业者的经验水平、专业职称或美式头衔无关。同理心、专注度和以顾客为导向的举止是优质态度的关键。决定性的因素不是'什么'，而是'如何'，即态度"，拉特解释道。

"在使用一项服务后，您是否觉得自己的生活变得更美好、更快乐？如果是，那么您可能已经遇到了——优质服务"（Rath，2018a；2018b）

2. 有品位的服务：海利斯医院的试点项目"六位厨师，十二颗星"

2.1　医院和烹饪艺术——两者天然矛盾吗？

在德国，"医院食品"一词被用作"劣质食品"的隐喻。海利斯医院很早就认识到了这一点，并一直赋予食品至关重要的角色。公司负责餐饮服务的员工一直在努力提高所提供饭菜的质量和选择。他们早期就已经通过所谓的烹饪和冷藏程序创建了现代化流程，为德国各地众多的患者提供最好的食品——同时提供食品的质量也在不断提高。

"当我们启动'六位厨师，十二颗星'项目时，我们的食品供应已经处于非常好的水平。然而，其他医院运营商已经跟随我们的脚步，从我们的角度来看，我们的餐饮未来的发展方向需要一种新颖和新鲜的方法。这需要一个外部的视角——并最终需要一个优秀的外部和内部团队，以常规的质量和数量将新的挑战带给患者"，恩里科·延施谈到项目的开始时说道。

2.1.1 一眼望去的愿景：卡斯腾·K. 拉特和恩里科·延施奠定了烹饪基础

恩里科·延施和卡斯腾·K. 拉特早在 2018 年相遇之前，就对令人味蕾愉悦同时又健康的高品质食品有着共同的热爱。2018 年，恩里科·延施在海利斯医院的一次年度会议上目睹了服务专家卡斯腾·K. 拉特热情洋溢地介绍他关于优质服务的主题。

两人之间的火花由此点燃，他们激动人心的合作基础得以建立。

虽然企业家卡斯腾·K. 拉特在他的主题演讲中并没有重点关注烹饪艺术，但这很快成为随后讨论的重点。卓越的服务在各行各业呈现出不同的面貌，并希望在各个方面都能体现自身。

在海利斯医院，患者期望得到安全和服务，而这一切都是在他们离开医院时的状况要比进入医院时更好的背景下进行的。美味健康的菜肴使他们在医院逗留期间更加愉快，康复过程也更加舒适——两位专家对此表示赞同。

2.1.2 将看似不可调和的对立面结合起来创造出新事物的基本成分

直到 2019 年，很多人仍然认为住院治疗和高品质的餐饮服务间存在一种矛盾。但从"我们一直都这样做"的观念中，也可能孕育出新的东西——创新的东西，甚至是大胆、疯狂的东西。当一个新想法被提出来，第一批批评家摇头时，你就可以确定你正追寻着新的可能性。

进步就是要打破常规，创造多彩的新标准，让人们享受到美食的愉悦。

2.2 从舞台到餐桌：烹饪概念中的项目里程碑

2.2.1 从想法到概念

在海利斯医院年度会议之后，恩里科·延施决定在海利斯医院树立品质烹饪的标杆，为此，他勇敢地踏入了一个医院在运营中尚未涉足的领域。但他从海利斯医院的历史中了解到，正是这些非常规的方法最终塑造了海利斯医院的企业品牌，并催生了新的增长机会。

六位最高水准的厨师将参与其中——每位都是各自领域充满热情的专业人士，富有魅力、幽默风趣，并准备在一个特殊的环境中推动创新概念的发展。团队很快就被确定下来：六位顶级厨师，他们各不相同，用自己的菜肴在医疗行业的烹饪艺术中创造了一个美味的里程碑。

其中，顶级厨师托马斯·布纳（Thomas Bühner）、克里斯托夫·吕弗（Christoph Rüffer）、尼尔斯·亨克尔（Nils Henkel）、亨德里克·奥托（Hendrik Otto）以及未来的顶级厨师索菲亚·鲁道夫（Sophia Rudolph）和保罗·艾维克（Paul Ivic）将成为团队的一部分。恩里科·延施和卡斯腾·K. 拉特作为策略师参与项目，同时也站在挑剔的消费者的角度。

在这个一流的团队中，你会发现除了现成的想法之外的一切。因此，星级厨师会设计和挑选经过特别测试和青睐的菜肴：总共打造了十二道美味健康的午餐菜肴。专家们首次将顶级美食的愉悦世界与住院的痛苦经历结合起来。同时，专家们也在医疗保健领域树立了一个新的里程碑。

2.2.2　从展示餐盘到医院

那么，如何将美食转化为医院的运营菜品呢？这个项目面临的最大挑战由霍夫曼菜单制造商来解决，他们已经与海利斯合作多年。每天，霍夫曼菜单制造商向海利斯医院提供多达 22,000 份餐食，准备好并冷冻。餐食种类繁多——产品系列包括传统餐食以及素食和纯素食，还有根据患者需求量身定制的特殊饮食。

在霍夫曼菜单制造商的眼中，质量是首要考虑的因素：每道菜都需要符合严格的卫生要求，并经过多个内部质量控制环节。与顶级厨师一起，在波克斯贝格（Boxberg）现场设计和制作出星级菜品，反复品尝和改进，直到每个人都对其感到满意。

2.2.3　新冠疫情作为灵感来源——从家庭厨房到医院

该项目中一个计划外的里程碑事件是新冠疫情。这也将专业厨师驱逐到他们的家庭办公室或家里的炉子旁。这场全球危机是否预示着该项目甚至在真正启动之前就已经结束了？

创新的想法基于清晰的愿景。如果发生不可预见的事件，就会明显看出这个愿景在日常生活或压力情况下有怎样的可持续性。有时，意想不到的事件甚至会拓宽当前的视野，就像这个项目一样。

星级厨师们系上围裙，利用即将到来的在家办公时间来烹饪他们最喜欢的菜肴。当专业厨师在自己家的厨房里做饭时，这还不特别令人惊讶或鼓舞人心。当然，除非你自己能享受到准备好的饭菜，或者在厨房安装摄像头，这样外人也可以享受整个烹饪过程。

所有六位专业厨师都期待这个独特的机会，以一种全然不同的方式在家中录制他们的技能和热情。使用手机摄像头、专业三脚架，最重要的是大量的热情，专业人士在他们私人厨房烹饪他们最喜欢的菜肴。这个自发的视频记录保存了实验的整个过程，甚至在"六位厨师，十二颗星"项目开始在医院进行现场测试之前，就成为观众的最爱。对于观众来说，这为一周的营养奠定了基础，因为这些菜肴每周都会发布。

录像的内容与厨师和各自的菜肴一样多样化：克里斯托夫·吕弗将对故乡的热爱与幼年鲱鱼塔塔配土豆饼结合在一道菜中，并分享了一道经典的鱼类食谱：用黄鳝"Finkenwerder Art"搭配黄瓜沙拉。对他来说，创造力和传统烹饪是他掌勺的基石。

米其林星级厨师亨德里克·奥托将他童年时代的味道与世界各地的风味结合在一起，总是带着客人展开一场旅程。奥托解释说："烹饪美味的菜肴是一种情感，应该是有趣和简单的。"他的"穷骑士"（Arme Ritter）甜点配方将令所有甜品爱好者惊喜。当然，这位厨师也会提供丰盛的菜肴：他将克罗地亚、奥地利和波西米亚的烹饪技巧融合在他的"Krautfleckerln"（捷克炖卷心菜）中。

星级厨师尼尔斯·亨克尔以他的创意追求着自己独特的方式，无论是在家里还是在他的餐厅里。他以"纯自然"烹饪闻名，这是一种令人惊喜的新德国烹饪方式，给客人带来了非同寻常的口感和风味。他的芦笋配马斯卡彭奶油和香草花园因其额外的成分咖啡而令人惊喜。他的谷物沙拉添加了多汁的桃子、开菲尔奶酪和云杉芽，变得果香四溢、充满夏日的清爽。

对于顶级厨师托马斯·布纳来说，盘子里的食物是以烹饪方式创作的交响曲——整个乐团的相互作用、使用的食材和风味唤起了伟大的感受。

他创作的甜菜根西班牙凉菜汤配上烟熏三文鱼在十分钟内就能摆盘，是真正的能量来源。他的全麦意大利面配帕尔马干酪和松子油也非常富有能量。

这个计划外家庭烹饪的结果是非常接地气和个性化的家庭故事——以 YouTube 视频系列的形式。观众受到启发，用少量的食材在自己的炉子上烹饪美味健康的饭菜，以获得完美的营养。这些菜肴会被一步一步讲解，因此非常容易烹饪。然而，通过精选的食材和正确的风味组合，它们在口味上仍然很精致，与通常的家庭自制午餐和晚餐有所不同。所有的食材都可以在附近的超市买到，甚至非常省钱。毕竟，健康的味道应该在每个厨房中无障碍地找到永久的位置。

2.2.4　午餐活动和外带菜谱的成功推出

经过厨师和霍夫曼菜单制造商现场的各种测试和品尝，这些即食菜肴于 2020 年初首次在巴德萨尔佐（Bad Saarow）的海利斯医院提供。在这里和其他五家医院，70 名患者在试运行期间给予了平均 1.8 的评分。没有人预料到患者满意度会达到 95%。

美味且能够促进健康的烹饪体验，尤其受到患者的欢迎。这一压倒性的结果激励我们继续前进。

现在，海利斯医院的患者可以自己决定在住院期间享受经典菜单还是由星级厨师灵感启发的菜单。你在医院吃过柠檬土豆面疙瘩配辣味蔬菜肉汤吗？医院会为每位患者的口味准备一道合适且健康的菜肴。

然而这还不是全部。海利斯医院团队和项目团队热衷于确保他们开发的菜肴在患者住院后仍然有效。康复中的患者及其亲属可以通过观看烹饪视频中的教程或带回家一本限量版烹饪书，继续按照烹饪专业人士的想法进食，感兴趣的各方可以在其中找到厨师专业知识的总结：这本书既介绍了住院期间开发的详细食谱，也介绍了厨师们家庭办公故事中最喜欢的菜肴（Rath，2020）。

为这本丰富多彩的烹饪书拍摄的照片介绍了这个项目的美味甜点：应亨德里克·奥托的邀请，所有顶级厨师在德国柏林的阿德隆凯宾斯基酒店聚集一堂，共同准备这本烹饪书。顶级厨师们再次烹饪了他们最喜欢的食谱，同时进行了专业的录制。对个别厨师的背景采访改进了阅读烹饪书的体验。

这是一本全面的烹饪书，里面包括健康菜肴的制作方法和健康专家的建议。每个食谱的宝贵背景知识由海利斯医院的健康专家迈克尔·里特（Michael Ritter）教授，海利斯柏林医院血管病学、糖尿病学和内分泌学主任医师，以及海利斯医院的营养师亚娜·沃尔夫（Jana Wolf）提供。他们对食谱进行了评论，并解释了所使用的食材为何如此健康。

3. 卓越烹饪成为医院不断增长的独特卖点

3.1 再加热的菜肴味道不好，高级创意菜就不同了

如果"六位厨师，十二颗星"项目已经证明了一件事，那就是大胆的举措能够取得成功，并且以前相互矛盾的概念，如医院和美食，可以融合成令人着迷和美味的体验。事实上，该项目现在可以认定为已完成。其所设计出来的菜肴每年都可以轻松地再次推出。很少有病人会住院超过平均时间，因此丰富的菜品选择不会很快变得单调。

但是患者和餐饮现在是海利斯医院的重点。尤其是在仍具有挑战性的时期，服务质量完全集中在患者身上。因此，菜肴不会长期不变，因为这明显违背了其所追求的服务质量。相反，烹饪概念得到了进一步的发展和改进，当然每年也有所不同。

因为即使是烹饪艺术也要遵循海利斯的原则：测量、评估、改进，或者在这种情况下，再次品尝和调味。在这个项目的新版本中，六位顶级厨师再次相聚，并与霍夫曼菜单制造商一起，将新的健康菜肴送到患者的餐桌上，并以可以在家烹饪的食谱的形式出现在独家制作的烹饪书中。

这一次，家庭故事和背景采访并不是由于外部危机而产生的，而是被有意纳入概念中。

随着新版"六位厨师，十二颗星"的推出，有时比计划更长的康复过程的苦涩余味也将在下一季被美味的医院菜肴所取代。健康之路是通过胃来实现的，优质服务的三大支柱可以显著改善这一点。

3.2　展望

海利斯的未来将更加数字化、国际化，并且更加专注于其各个医疗设施和业务部门的服务质量——我们希望为人们提供一年 365 天、每天 24 小时的医疗保健平台，并成为他们长期旅程中的同行者。

在试点项目成功之后，作为优质服务的一部分，品质烹饪将成为德国 89 家海利斯医院的永久性特色，并成为海利斯所有医疗保健服务的组成部分。新冠疫情并没有对该项目的实施造成损害，甚至也没有迫使发起者放弃该项目。

事实正好相反。外部环境的改变——出于政治原因对医院选择性医疗服务实施限制——使得健康问题的维度提升到一个更加个人的水平。厨师们的家庭故事激发了恩里科·延施和卡斯腾·K. 拉特的灵感，他们采取了下一步行动，将健康美味菜肴的理念带给每个感兴趣的家庭。因此，如果患者和员工不能来找我们，我们就去找他们，该项目的目标群体因此甚至扩大了许多倍。

创新总是源于需要解决的前置问题。危机永远是勇敢者的机会，唯一的问题是如何利用这个机会造福顾客和患者。海利斯医院以其新的美食为目标，针对寻求临床护理的患者。

同时，感兴趣的人现在也可以在医院住院或就诊之外参与口味的开发：一个特别发起的商品网店为顾客提供许多其他关注身心健康的产品。每个人都知道健康的饮食对细胞再生至关重要，然而，有时在忙碌的日常生活中，我们需要一个温柔的提醒。这种提醒可能会带来快乐，并在身体发出警告信号之前很久就传达给我们。

根据"保持健康的指南"的口号，顾客可以在网站 www. helios-koch-buch. de 上找到有关"六位厨师，十二颗星"项目的所有背景信息，包括食谱视频，采访以及有关专业厨师的信息。额外的日历、种植套装或草本罐可作为提醒自己保持健康的方式，也可以送给亲朋好友作为礼物。

在日常医院生活中，品质烹饪和一般的服务导向与酒店业的服务理念相当（Jensch，2020），每个员工的任务是在他或她的日常工作流程中体现公司的使命宣言，并让人们感觉良好（Rath，2017）。品质服务的态度何时开始？对于酒店业而言，其甚至在参观餐厅或入住酒店房间之前。通过电子邮件或电话的初次友好接触留下美好的第一印象，为进一步的服务体验铺平道路（Rath，2018a；2018b）。

这类似于在医院住院。医疗服务早在患者入院之前就已经开始，并在患者住院期间一直体验。海利斯医院团队为任何想要享受这些服务的人提供额外服务。其重点也是预防保健，其最终目标是让患者保持健康或迅速恢复健康。如果一个主题要产生持久的影响，它必须成长并需要持续的专业支持，稳步的措施会带来深刻的结果。

"我们对'最佳服务'的承诺既适用于我们的患者，也适用于我们的员工，"人力资源总监科琳娜·格伦茨（Corinna Glenz）评论道。高品质的服务，如健康管理，是复杂和多维度的。只有当服务内化为员工的态度和思想，并在日常生活中体现时，才能传达给患者。卓越的领导力是一个重要的前提，员工就像患者，是具有不同潜力和想法的个体。在公司里，无论谁忽视了这些因素（指员工的不同潜力和想法），从长远看，他们最终将尝到同样多的忽视，充其量只能得到员工朝九晚五例行公事的工作态度。有动力的专业员工，能够有足够的时间投入患者和对于自己的培训中，将一家标准医院与像海利斯这样的杰出医院区分开来。

数据显示，海利斯的员工对于公司的准则充满激情：平均而言，海利斯的员工在公司已经工作了大约 10.6 年。在我们这个快节奏的数字化时代，这对于服务来说是一个真正的成功。团队是改善患者健康的驱动力。人力资源在医疗行业也面临着重大挑战，因此，海利斯依靠一种面向未来的人力资源策略，并不排斥工作方式的变革，而是与之共同成长。

一切都在变化中。像海利斯集团这样有前途的公司利用这种变化在各个层面上不断突破自己：企业、人力资源、医疗以及美味层面。

这就是创新的区别所在，这也为实践性的优质服务提供了理想的土壤。

参 考 文 献

［1］ a. u. （2022）. Helios healthcare，https：//helios-international. com/about-helios，accessed 01/12/2022.

［2］ Hempel，M. （2020）. The health industry in Germany and Europe，

Federation of German Industries, https: //english. bdi. eu/publication/news/ the-health-industry-in-germany-and-europe/, accessed 01/11/2022.

[3] Jensch, E. (2020). Service ist die Qualität von morgen [Service is tomorrow's quality], in: Rath, C. K. and Westermann, R. (eds.). Die 101 besten Hotels Deutschlands 2020/2021 [The 101 best hotels in Germany 2020/ 2021], Cologne.

[4] Klöckner, J. (2021). Gesundheitsindustrie sieht Standort Deutschland in Gefahr [Healthcare industry sees Germany as a business location in danger], Handelsblatt, https: //www. handelsblatt. com/inside/digital _ health/ bdi-strategiepapier-gesundheitsindustrie-sieht-standort-deutschland-in-gefahr − / 27002054. html? ticket = ST − 1230957 − qBe1 mWuqijiLBfNAXZks-ap5, accessed 04/14/2021.

[5] Olk, J. (2020). Gesundheitsindustrie warnt: Attraktivität Deutschlands als Forschungsstandort sinkt [Healthcare industry warns: Germany's attractiveness as a research location declines], Handelsblatt, https: //www. handelsblatt. com/politik/deutschland/studie-gesundheitsindustrie-warnt-attraktivitaet-deutschlands-als-forschungsstandort-sinkt/26617394. html, accessed 04/ 14/2021.

[6] Rath, C. K. (2017). Ohne Freiheit ist Führung nur ein F − Wort. Mitarbeiter entfesseln. Kunden begeistern. Erfolge feiern [Without freedom, leadership is just an F − word. Unleash employees. Inspire customers. Celebrate success], Gabal Verlag.

[7] Rath, C. K. (2018a). 30 Minuten Service Excellence [30 minutes of service excellence], Gabal Verlag.

[8] Rath, C. K. (2018b). Für Herzlichkeit gibt's keine App. Service − Excellence in digitalen Zeiten [There's no app for cordiality. Service excellence in digital times], 3rd Ed. , Gabal Verlag.

[9] Rath, C. K. (2020). 6 Köche, 12 Sterne. Unsere Lieblingsgerichte für Ihr Zuhause [6 chefs, 12 stars. Our favorite dishes for your home], Cologne.

第 11 章

服务创新管理

德国电信的最佳服务实践——重塑服务：
如何将顾客变成粉丝

费里·阿波尔哈桑（Ferri Abolhassan）

【摘要】

无论是体育界还是商业领域，重大变革通常都需要一种激进的方法。为了提高德国电信的顾客服务水平，我们目前正在通过某些领域从根本上对其进行重塑——通过更多的顾客接触、更专业的和更多始终以顾客为中心的服务。通过我们的"重塑"政策，把我们在德国的顾客变成真正的粉丝。首日心态、双向性和彻底的顾客关注是我们成功的关键。

1. 引言

理查德·福斯贝里（Richard Fosbury）1947 年出生在俄勒冈州的波特兰。他的朋友们只叫他迪克。他是一个非常瘦长的人，1.93 米的身高，看起来似乎为跳高项目而生。然而，事实上，他自称是一个"协调性欠佳的冒充运动员"。他根本无法掌握传统的跳高技术：在面对式（straddle）跳高中，跳高者是以面朝地面、大腿分开夹着横杆的方式通过的。对于迪克来说，1.60 米就是他的极限，他从未使用面对式技术跳过更高的高度。所以，他开始进行一些实验。

当其他人向前跳跃时，这位俄勒冈州立大学的学生尝试了向后跳，之前从未有人这样做过。他的家庭教练伯尼·瓦格纳（Bernie Wagner）一点也不高兴："你不能这样做！你最好去加入马戏团。"但迪克并没有被吓住，他很快比使用面对式技术时多跳了十厘米。因此，他继续改进自己的技术：他采用曲线起跑，起跳时扭转身体，头朝前向后飞越横杆，最后后背着地落下。

"如果孩子们试图模仿它，它将消灭整整一代跳高运动员，因为他们都会折断脖子"，美国奥运代表队主教练佩顿·乔丹（Payton Jordan）警告说。此外，在体育科学会议上，人们讨论了为什么这种跳跃技术不起作用。但尽管所有的预言都是悲观的，迪克还是在 1968 年墨西哥城奥运会上使用了他的非常规技术。一开始，竞争对手们都嘲笑他，但随后所有人都惊讶了：迪克在 2.22 米以下的每一次尝试都没有失败。在决赛中，他是唯一一跳过 2.24 米的跳高运动员，赢得了金牌，创造了新的奥运纪录。

"他跳起来就像从三十层楼的窗户掉下来一样"，一位记者写道。"他的风格很壮观，但也很有个性。我认为他对跳高的未来不会有太大影响，"苏联教练尤里·迪亚科夫（Yuri Dyachkov）说道——但他错了，因为迪克的非凡跳跃技术很容易学习：四年后在慕尼黑，16 岁的乌尔里克·梅法特（Ulrike Meyfarth）以福斯贝里的技术跳出了惊人的世界纪录，赢得了奥运会的胜利。在接下来的几年里，"福斯贝里式跳跃"成为跳高的新标准，世界纪录提高到 2.45 米。这样的高度用面对式跨杆是不可能达到的。

2. 商业中的迪克·福斯贝里

在商业领域，也总有像迪克·福斯贝里一样的人，他们不在乎现有的标准和惯例。他们采取非常规的方法，跳出思维定式，从而推动创新，有时会给整个行业带来破坏性的冲击：智能手机需要按键才能在上面写字吗？直到 2007 年，每个人都会想到像诺基亚通信器这样的设备，并说："是的，当然。如果没有按钮，那该怎么用呢？"但随后史蒂夫·乔布斯出现了，他用 iPhone 彻底颠覆了市场。自那时以来，触摸屏已经成为新的标准，没有按钮的智能手机已经成为新的常态。但 iPhone 直观的操作理念和与之相关的高度用户友好性至今仍被认为是无与伦比的。因此，在发布 14 年后的 2021 年第四季度，苹果的 iPhone 成为全球最畅销的智能手机，使苹果获得了22%的市场份额。排名第二和第三的分别是三星（20%）和小米（12%）（Canalys，2022）。

让我们回到1985年，当时第一家百视达视频租赁店在达拉斯开业。该连锁店迅速增长，高峰时有约9,000家门店和60,000名员工。里德·哈斯廷斯（Reed Hastings）是其中一位顾客，有一天，他很恼火，因为他必须为逾期归还《阿波罗13号》支付40美元的罚款。因此，1997年，他自己成立了一家在线电影传播公司，故意不向顾客收取逾期归还DVD的费用。他很快增加了一种订阅模式，顾客可以租赁他们想要的任何数量的DVD。DVD传播取得了成功，但哈斯廷斯已经领先一步，从2007年开始专注于顾客可以直接通过互联网访问的流媒体内容。凭借他的创新视频点播概念和激进的顾客导向，哈斯廷斯彻底颠覆了整个娱乐行业。如今，奈飞（Netflix）是领先的流媒体娱乐供应商，在2020年，该公司的股市价值首次超过了华特迪士尼公司，达到了1,950亿美元。而百视达娱乐公司（Blockbuster）则在2010年申请破产。

最后一个例子是杰夫·贝索斯（Jeff Bezos）：1995年，他创办了亚马逊作为一家在线邮购书籍公司。随后，他开始专注于与巴诺书店和沃尔登书店等主要书商竞争。但这种方法只取得了一定程度的成功。因此，贝佐斯将亚马逊定位得更广泛，并在2000年推出了亚马逊市场。这使第三方能够通过亚马逊在线销售他们的商品，极大地增加了亚马逊的选择和销售额。第三方市场，加上亚马逊自己也不只销售书籍，最终使得亚马逊成为西方国家首选的在线购物平台。在2006年，它添加了云计算服务（亚马逊网络服务），如今引领着该行业。因此，于2021年7月辞去首席执行官职务的贝佐斯，使亚马逊成为全球最有价值的公司之一。仅在2020年，它就创造了3,860亿美元的收入。

3. 杰夫·贝索斯的成功秘诀

毫无疑问，亚马逊的主导市场地位和有时严格的工作条件是有争议的。尽管如此，除此之外，我认为亚马逊的案例是一个令人敬畏的成功故事，也是一个不断自我创新的公司的典范。这就是为什么杰夫·贝索斯的信念和管理方法值得仔细研究。

例如，早在 1997 年，他在给股东的第一封信中就写道，他计划进行风险投资，其中一些肯定会出错，而另一些则会大获成功。对他来说，失败并不是失败，而是对未来的教训。他的预测是正确的：亚马逊 Fire Phone、亚马逊 Destinations 和亚马逊 WebPay 可能失败了，但亚马逊 Marketplace、亚马逊网络服务（AWS）和亚马逊 Echo 已经变成了真正的销售火箭。潜在的信息是大胆、冒险，并做好准备，并不是所有的事情都会按照你想要的方式发展。但如果你利用这些挫折来变得更好，一些真正伟大的事情可以从中产生。

第二个重要的教训是：对杰夫·贝索斯来说，每一天都永远是"第一天"。他一直管理着亚马逊，就好像公司还处于第一天一样，因为在他眼里，"第二天"已经是停滞不前了。"接着是无关紧要，然后是痛苦难耐的衰落，再之后是死亡。这就是为什么它总是第一天。"按照他的逻辑，即使在市场上存在了 26 年，亚马逊也只是一个伟大成功故事的开始，最好的还在后头。这意味着你应该避免公司停滞不前，要始终保持饥饿感，质疑自己，永远不要满足于现状。你应该尽一切努力永远保持"首日心态"。"不管你的公司有多大或多历史悠久，都要保持初创企业的精神和动力"，这是杰夫·贝索斯的建议（Bezos & Isaacson，2020）。

他还要求员工高效、有逻辑地思考，并做出基于事实的决策，例如在建立新的物流中心时。然而，与此同时，他总是给予他们自由，让他们发展自己的想法，这些想法与核心商业方法不符，他称之为"发明和漫步"。简单来说："想出一些东西，让你的思维漫步。"这与高效和逻辑相反，但在这种开箱即用的思维中，直觉、好奇心和实验引导着思维，这通常是大多数非凡创新出现的方式。最好的例子是亚马逊网络服务：在云中租用数据存储与销售书籍有什么关系？起初，什么都没有！但如今这已经成为一项利润丰厚的业务，也是亚马逊的第二大支柱。

关键是找到理性决策和创造性的奇思妙想之间的正确平衡。这种双重能力经常被描述为一项非常重要的管理技能，在我看来确实如此：一方面，管理者必须能够通过持续改进和效率提升成功发展稳定的业务（开发利用）；另一方面，他们也必须能够通过实验和灵活行动发现新的机会并实现真正的创新（探索）。调和两者并不容易，但是这是值得努力的（Christensen，2016）。

排在最后但同样重要的是，贝索斯和亚马逊成功的最重要秘密可能就是彻底以顾客为中心。当其他公司思考如何卖出更多书籍时，亚马逊则思考如何让顾客的阅读体验变得更好。正是通过这种思考，Kindle 诞生了。第一版 Kindle 在几小时内就销售一空，据报道，超过 25% 的 Kindle 评论中都有"喜爱"这个词。顾客非常喜欢这个产品，它给他们带来更加热情洋溢的阅读体验。通过 Kindle，亚马逊不仅改善了顾客的体验，同时也开辟了新的收入来源，这是一个真正的双赢局面！顾客和公司同样受益。因此，贝索斯的建议是：始终从顾客的角度出发进行彻底的思考，只做对顾客有利的事情。永远不要满足于次优解决方案，更好的方案总是有可能出现的！

4. 德国电信服务的"重塑"政策

我在德国电信服务中看到了很多相似之处：我们必须在简单地做正确的事情和彻底地重新发明自己之间取得平衡。这有关成功地将效率和创造力结合起来，实现左右开弓，保护日常业务，同时开辟新的领域，推动创新。我们也必须把每一天都当作第一天来对待，因为竞争永远不会停止，顾客的期望也在不断发展——关键词就是"流动期望"：今天特别的东西将是顾客明天对所有提供商的期望。这就是为什么我们必须不断发明创造，即使我们近年来已经改变了很多。

2017 年，我们开始重新定义我们的服务，把"人"重新放在我们业务的中心：有着个人愿望和期望的顾客，以及有着个人技能和经验的员工。我们发现并重视"人的力量"，这一发现给我们带来了回报（Abolhassan，2020）：我们将对我们非常重要的首次方案解决率提高到了 55%，这意味着我们在第一次接触时解决了超过一半的顾客问题。我们将取消的技术人员预约数量减少到不到 1%——每天有 3 万个电话；我们还将顾客投诉数量减少了令人印象深刻的 85%——每年有 6,000 万次接触。

这些关键数字表明我们走在正确的道路上。外部奖项也强调我们在服务转型方面取得了进展：例如，在 2021 年，我们再次赢得了电信行业的"大满贯"，即 connect 和 CHIP 进行的所有四项主要热线测试；我们还赢得了 connect shop 测试；此外，*Focus Money* 杂志①将我们评为行业中的"服务之王"，这意味着我们在 56 个主要德国城市中的 50 个城市中提供了最佳顾客服务。

我们现在应该坐下来，放松，庆祝一下吗？不，我们不应该！我们和杰夫·贝索斯一样：我们不会满足于现状。我们离实现目标还有很长的路要走，因为最好的服务不是短跑，而是马拉松，你需要很强的耐力。对我们来说，每一次与顾客接触都是一次考验，我们最终都想赢得这场考验。这就是为什么我们在 2021 年初推出了一个新的战略计划，名为"重新发明"：我们希望在许多地方重塑我们的顾客服务，这预示着我们转型过程的下一步。对我们来说，它仍然是"第一天"。

我们的"重新发明"计划主要关注三个主题（Abolhassan，2021）：

（1）我们希望通过混合和未来完全融合的区域中心与顾客更加紧密地联系起来。

（2）我们希望进一步提高员工的专业水平，以便能够在第一次接触时更好地解决顾客的问题。

（3）我们希望通过我们的"Einfach. RICHTIG. Machen."（简单直接，行动起来把它做好）倡议，在必要的地方改善我们的流程和工作流程的质量。

4.1　区域化：新顾客的亲近感

这听起来比实际更容易。但我们不仅明确了目标，还明确了实现目标的方法：例如，我们希望在顾客所在的地方与他们见面——在他们的环境中，用他们的语言，由一个熟悉当地情况的固定团队全程负责，并建立真正的顾客关系。为此，我们已经在德国建立了 9 个区域中心，其中一些是混合型的，为特定地区的顾客提供服务。到 2022 年底，还将有 5 个区域中心建成。

在每个地点，有数百名同事跨学科合作，并在必要时进行虚拟合作：

---

① 译者注：*Focus Money* 是一本德国的商业和财经杂志。它每周出版一次，提供关于金融、投资、房地产、汽车、科技、健康和消费品等各个领域的新闻和报道。该杂志被认为是德国最重要的商业媒体之一，它的评比和排行榜在德国商界有很高的影响力。

我们的固定线路和互联网顾客的顾客服务代表、我们的技术顾客服务、我们的现场服务、调度员，在一些地区，我们甚至紧密整合了我们的商业顾客经理，我们的技术人员和我们的电信商店。简而言之，区域中心（regiocenter）是我们汇集所有专业知识，为顾客找到更快解决方案的地方。

我们不再像许多服务中心那样，存在部门之间各自为政的现象。整个Regio团队为顾客工作，无论顾客需要什么，区域中心通常都可以完全解决他们的问题。为了做到这一点，来自各个团队的员工坐在同一个区域或通过虚拟方式密切合作。这种直接交流有助于更快地解决问题，并对我们的顾客作出新的承诺。作为一个跨职能团队，我们负责综合解决顾客的问题，不会不必要地把问题转给其他人，这是基本理念。

我们的最终目标是建立完全融合的区域中心，处理个人顾客和企业顾客的移动和固定线路问题。我们希望以这种方式为德国7,000万名顾客提供个性化的解决方案。如果可能的话，从第一次接触就开始——人与人之间的联系，用熟悉的语言，带有必要的当地特色。我们认为，这是在服务中实现高顾客满意度的一个非常重要的杠杆。

4.2 专业技能：新的知识

第二个杠杆是新的专业技能。在这方面，我们也专注于"重塑"的理念，因为尽管数字化是必要的，但人仍然在服务中起着重要作用——顾客服务代表、现场服务人员和店铺员工，凭借他们多年的经验、极高的同理心和专业知识。在日常服务中还存在许多时刻，一个微笑就能轻松战胜一百台计算机。然而，在这种情况下，不仅仅是想要提供帮助，我们的员工还必须能够提供帮助（Abolhassan，2020；2021）。对顾客来说，没有什么比一个想要提供帮助但无法提供帮助的人更令人沮丧的了，无论是去看医生、在百货商店还是餐厅里，每个人都肯定已经有过这种痛苦的经历。

因此，我们正在对我们的顾客服务代表、服务技术人员、商店员工和其他专家的专业能力进行更多的投资（Abolhassan，2021）。借助我们的能力指南等人力资源工具，借助特殊的培训室或终端墙，借助虚拟培训和面对面辅导，每个员工都可以在自己的个人发展领域工作，更好地了解我们的产品，建立或刷新他们的技术理解，从而逐步扩大他们的职业视野。作为管理层，我们为此创造了必要的框架条件：我们确保必要的自由度，并为员工提供最好的数字工具，如 MagentaView，它可以全面了解我们的顾客关系。知识就是力量——为顾客提供最佳建议的力量。同时，我们试图让学习变得更加有趣。毕竟，知识也是有趣的，而专业性总是内在态度的问题：只有那些表现出主动性并从内在动机中学习的人才能够进一步发展，只有这样做的服务人员才能在未来有针对性地帮助顾客（Abolhassan，2021）。

全球化和数字化使我们服务世界的节奏变得极其快，产品生命周期越来越短。所有可以连接的东西都被连接起来。因此，我们的家庭正在成为控制中心，家庭网络变得越来越复杂，这也是我主张服务中新的专业性的另一个原因。我经常体验到缺乏必要的技术理解，仅仅学习一次已经不能再满足我们产品和服务日益增长的复杂性，只有坚持下去，提高我们的技术专业知识，跟上数字化和技术变革的步伐，才能在未来继续帮助我们的顾客。

过去常说，"上年纪的人学不会新把戏"。对于初学者来说，这种告诫可能至今仍然适用。然而，认为一个人年纪大了就对某个主题没兴趣的推断是有问题的。事实恰恰相反，我坚信，"博学"是昨天的事；今天，我们需要对生活中什么是必不可少的有一个不同的基本理解：每天都有学习新东西的意愿。这也包括这样的见解，即学习不是一种惩罚，而是一种礼物，它使我们每个人在生活中不断前进，并使无可挑剔的服务成为可能。

4.3　激进：新服务

重塑计划的第三个主要杠杆是审视我们的流程和工作方式，并检查我们可以在哪些方面变得更加直截了当，更加用户友好，对顾客更有利。为了做到这一点，我们从根本上对事情进行了考验，就好像这是我们公司的"第一天"一样——就像亚马逊的"第一天"哲学。我们把事情颠倒过来，在几个方面彻底重塑自己——始终如一，不带偏见。这就是我们如何为顾客创造具有实际附加价值的创新服务（Bezos & Isaacson，2020）。

我们已经取得了第一个快速的成功：其中包括我们为更换固定线路提供商提供的新型礼宾服务。这是怎么回事，有什么特别之处？我们希望为来自竞争对手的顾客提供愉快的第一次顾客体验，希望他们的转换顺利进行。自 2016 年以来，我们一直提供供应商更换服务，2020 年约有 42 万顾客使用了该服务，但通过重塑计划，我们正在重塑这项服务，并从顾客的角度系统地考虑它。我们的目标是提供像五星级酒店礼宾员那样的全方位安心服务。

对我们来说，核心问题是：当新顾客从其他供应商转向 Telekom 时，他们想要什么？根据我们从顾客的反馈中所了解到的，他们希望有一个能够在整个转变过程中给予他们最佳建议的联系人，这个联系人详知相关工作的方方面面，他们可以 100% 依靠并且在任何时候都可以联系到，如果可能的话，就像一位酒店礼宾一样。

因此，我们通过描述顾客期望，开始了我们的供应商更换服务的重塑过程。在设计阶段，我们通过"Telekom-Ideenschmiede"（智囊团）让顾客参与进来，询问他们我们的服务是否引起了他们的共鸣。他们明确确认了在转换过程中希望得到个人支持的愿望，除了电话联系，他们还希望通过电子邮件和短信与礼宾员进行沟通。大约 65％ 的顾客表示希望有一个固定的支持团队。

考虑到这些发现，我们的项目团队开始着手实施。我们将每个由四名专家组成的礼宾团队聚集在一起，作为圆桌小组中的联系人。这意味着我们的顾客不仅可以像以前那样通过短信联系到联系人，还可以通过电话和电子邮件联系到一个固定的团队。未来，这些团队将为他们各自地区的顾客提供服务——就像我们区域中心的习惯一样。这创造了更多的顾客接近度，确保责任明确，并简化了沟通。

供应商更换服务在实践中是如何运作的？我们的礼宾服务从第一次顾客联系开始：顾问们花了很多时间进行详细的初步讨论。他们询问顾客的初始情况以及个人愿望和需求，我们以数字方式记录谈话结果，然后全程陪同转换过程——从确认订单到我们的服务技术人员连接。

礼宾人员在这段时间内向顾客提供所有重要步骤的信息，并回答他们的任何问题，这样做可以避免丢失任何信息，例如顾客的后续变更请求。我们的服务团队熟悉他们所负责的地区顾客群的所有订单，并在查询时始终能够提供有关当前状态的信息——直到变更完成并且顾客确认他们的连接正常工作，甚至更进一步，即直到出具第一份电话账单。过去，往往会接到关于账单的查询，现在我们主动询问顾客是否一切都适合他们。

在顾客结束更换供应商时，我们会详细调查所有顾客。利用这些反馈，我们可以在持续运营中快速灵活地发展我们的礼宾服务。我们正在逐步推出在现场测试中证明成功的所有要素，还将继续通过我们的"Telekom-Ideenschmiede"为礼宾服务提供支持，以与我们的顾客密切合作推动它的发展。

例如，我们已经计划了一个反馈休息室和一个虚拟研讨会，员工的反馈也纳入了服务设计中。归根结底，供应商更换过程的礼宾服务是其他礼宾服务的蓝图——如对于搬家或建房并需要在新地址安装固定线路和互联网连接的顾客。这样，我们始终将顾客放在第一位，为他们提供创新和无可挑剔的服务。这就是我们对"Einfach. RICHTIG. Machen."（简单直接，行动起来把它做好）的理解。

我们 2021 年 4 月推出的数字家庭服务，也属于这一范畴。为此，我们对受欢迎的电脑协助进行了重新设计，并从顾客的角度重新思考。通过数字家庭服务，我们支持人们处理他们互联网家庭中的所有应用，这在我们的数字生活中变得越来越重要，而不仅限于新冠疫情时期，关键词有"家庭办公和在家上学"。通过我们的新服务，我们提供专家帮助来优化 Wi-Fi 网络并设置智能家居设备、笔记本电脑、平板电脑和智能手机，或安装相应的软件。

此服务面向所有人，无论他们是电信顾客还是其他供应商的顾客。我们根据要求，甚至每年四次直接在现场，快速、专业地帮助所有用户。为此，我们为所有感兴趣的各方准备了三种不同的服务套餐，按月收费。通过这一全方位服务包，我们能够满足不断增长的顾客需求，同时缩小市场差距。德国市场上从未有过这种服务，在这里，我们也在谈论真正的"重塑"。

5. 勇于继续前行

"你无法用创造问题的同样思维方式来解决问题。"阿尔伯特·爱因斯坦曾经说过，对此我只能表示赞同。当我在 2017 年开始改进电信的顾客服务时，很快就发现，使用现有的手段和方法无法成功。如果你想创造新的东西，就需要有勇气质疑一切并开辟新的领域，这并不容易，而且需要大量的精力。甚至在文化上，这也是一个巨大的挑战，无法在一夜之间克服。

然后，你必须有勇气真正改变一些事情，也许会失败，或许不会很快成功。许多管理者也回避这一点，更喜欢扮演股东的角色。然而，对我来说，当涉及根本性的改变时，采取迪克·福斯贝里、史蒂夫·乔布斯、里德·哈斯廷斯和杰夫·贝索斯的态度和思考方式是至关重要的。对于真正的创新，你只需要这种勇气、这种信念和这种激进主义——在顾客服务中也是如此（Christensen et al.，2011）。

这就是为什么我对我的超过 3 万人的团队感到高兴和自豪，他们以同样的方式看待我们的政策并积极支持它，没有他们的信念和热情，我们就无法作为一个组织重塑自己。近年来，我们已经取得了很大的成就，将良好的服务转变为我们行业中最好的服务，但这对我们来说是不够的：我们还没有达到自己的标准，还没有达到目标。

通过我们的"重塑"计划，我们希望将我们的顾客转变为真正的粉丝：为每个人提供最好的服务！初心如一、全能多面手和对顾客的彻底关注是我们在这方面取得成功的关键。只有在完全重塑自己的同时，不忽视我们的核心业务，并始终关注每一个顾客，我们才能实现完美无瑕的目标。我们知道这是一场马拉松而不是短跑，我们还有很长的路要走。但是我们有持久力，直到达到这个目标，我们都不会停下来，因为对我们来说，每个顾客都很重要！最好的还在后面！

参 考 文 献

[1] Abolhassan, F. (ed.) (2020). Superkraft Mensch：Warum der Mensch im Service den Unterschied macht [Superpower people：Why people make the difference in service], Frankfurter Allgemeine Buch.

[2] Abolhassan, F. (ed.) (2021). Wissen. Macht. Spaß. – Die neue Fachlichkeit im Service [Knowledge. Power. Fun. ：The new professionalism in service], Frankfurter Allgemeine Buch.

[3] Bezos, J. and Isaacson, W. (2020). Invent and wander：The recipe for success：The collected writings of Jeff Bezos, Redline Publishing.

〔4〕Canalys（2022）. Apple retakes top spot in global smartphone market in Q4 2021, https：//www. canalys. com/newsroom/canalys-global-smart-phone-market – Q4 – 2021, accessed 02/11/2022.

〔5〕Christensen, C. M. （2016）. The innovator's dilemma：When new technologies cause great firms to fail, Harvard Business Review Press.

〔6〕Christensen, C. M. , Matzler, K. and von den Eichen, S. F. （2011）. The Innovators Dilemma：Warum etablierte Unternehmen den Wettbewerb um bahnbrechende Innovationen verlieren〔The Innovators Dilemma：Why Incumbents Lose the Competition for Breakthrough Innovations〕, Vahlen.

第 12 章

管理与顾客体验相关的
高效流程和组织结构

B2B、B2C，还是 H2H？以布伦泰格为成功
案例来谈 B2B 环境中的优质服务

斯文娅·丹尼尔（Svenja Daniel）

【摘要】

布伦泰格（Brenntag SE）是全球领先的化学品及原料分销商，在化工行业顾客与供应商之间发挥着关键的纽带作用。在这个高度分散的环境中，优质服务对于公司脱颖而出至关重要。近年来，顾客期望的管理和顾客旅程的持续改进已变得尤为重要，特别是在可替代产品日益增多的背景下。了解顾客的需求、期望和愿望在当今世界中发挥着越来越重要的作用。

1. 化学品分销——一个潜力巨大但相对未知的市场

化学品分销商主要在制造业中发挥着关键作用：向制造商提供生产所需材料。分销商购买、储存、销售和供应化学品和原料，同时提供多种服务，比如混合、包装、技术援助、配方、优化供应链、实验室服务和提出有关法规、安全、废物处理和环境方面的建议。

考虑到所有这些方面，化学品分销将化学品生产商和加工业联系在一起。

因此，化学品生产商通常不直接向地域分散且规模较小的终端用户销

售产品。在当今的化学品和原料行业中，外包成为生产商的服务不可或缺的替代措施，即将生产商的服务转包给外部的分销公司。外包的目标是与另一家公司合作，实现相互的、可持续的增长（Sellig et al., 2010）。

近几十年来，由于化学品和整个价值链上采用流程的需求增加，化学品分销行业已取得长足的发展。化学品生产商专注于其核心生产技能、产品创新以及向更大的直接顾客销售化学品。因此，如今外包已成为一种趋势，中小型顾客（其业务通常对生产商而言更具挑战性）的业务通常会外包给分销商（Budde et al., 2006）。

如今，化学品工业由生产、分销和消费三个部分组成。80%～90% 的化学品由生产厂家直接销售给顾客，而分销公司仅售出 10%～20% 的化学品。由于外包趋势不断增强，这一市场份额有望增加（Sellig et al., 2010）。此外，还包括更复杂的业务战略、更小的订单以及顾客从充当批发商的分销商处购买多种产品。这些属性在一定程度上发挥着重要作用，原因如下：

- 降低复杂性——尤其是在销售量较小或顾客群体分散的市场。
- 进入新市场——提高地理覆盖范围和市场准入能力。
- 增值服务——库存管理和渐进式增值服务变得更加重要。
- 降低总拥有成本——通过缩减自己的生产运营规模来降低成本。
- 提高标准——分销商非常有能力满足不断提高的质量和安全标准。

对于较小的批量、较小的国家和较少的顾客而言，化学品分销商可以为其提供更有效的物流解决方案、增值服务，并为消费者和生产商降低复杂性。由于运营有限以及需要专注于核心业务，生产商可能难以满足这些要求。

但即便到了今天，化学品分销行业仍然高度分散。全球有超过 10,000 家分销商，可分为商品分销商和特种化学品分销商。因此，化学品分销是一个充满活力且极具前景的市场，这个市场不仅在价格方面有所不同。私人及专业环境助长了顾客日益增长的需求，为了满足这些需求和期望，优质服务的重要性也在日益增长，这反过来又会对顾客体验产生直接影响（Globalnewswire）[①]。

---

① 译者注：未注明日期。

2. Brenntag SE

Brenntag 是化学品分销行业发展历史中不可或缺的一部分，是全球领先的化学品和原料分销公司，是该行业的重要参与者。2020 年，Brenntag 拥有超过 17,000 名员工，在 77 个国家或地区拥有超过 670 个运营点，为约 185,000 家顾客提供超过 10,000 种不同产品。1874 年，Brenntag 作为一家鸡蛋批发商成立；近四十年后，该公司进入化学品业务，并更名为"Brenntag"，该名称是"Brennstoff – , Chemikalien-und Transport AG"（燃料、化学品和运输有限公司）的缩写。如前文所述，当时化学品分销行业已经高度分散，Brenntag 认识到需要一家跨区域的超大型分销公司来提供跨境交付。因此，Brenntag 在 1950 年扩大了仓库网络和产品范围，并在 1966 年通过收购德国以外的公司成为一家国际公司。从那时起，Brenntag 在全球范围内扩展业务，收购了各种化学品分销公司。该公司还投资了仓库新技术以提供供应链上的增值服务，这一战略帮助该公司成为化学品和原料全系列分销市场的领导者，并简化了化学品生产商和分销商之间的流程（Brenntag, n. d. a – d)①。

3. Brenntag 与优质服务：一次值得的旅程

3.1 第一步最重要但也最困难

在我们开始旅程时，我们必须选择一个起点。由于英国和爱尔兰对这个话题非常感兴趣，我们很快找到了这两个试点国家，热心的同事们纷纷自愿参与进来。在初次内部评估中，大家一致认为作为化学品分销领域的全球市场领导者，我们提供了良好的顾客体验。为了验证这一说法，我们

---

① 译者注：未注明日期。

决定与一家独立的市场研究机构合作，此次合作的内容是制定一份以顾客体验为明确目标的比较全面的调查问卷；然后我们将这份调查问卷发送给所有顾客，无论他们规模大小或业务潜力如何；我们还进行了电话访谈；大约四周后，我们收集到所有数据和信息并开始进行分析，分析结果随后提交给试点国家的经理们。基于调查结果，我们必须承认我们所提供的服务并不像我们之前认为的那样出色：许多顾客并不完全满意，在很多方面我们的得分非常高，但也有不少改进空间。感谢这些宝贵的意见，感谢和我们分享其自身经历与评估结果的顾客们，是他们让我们找到了正确的工作切入点，并且提出了非常具有可行性的具体建议。

我们依靠内部支持来应对这些薄弱环节，并开始寻找一个培训项目。在试点国家，Brenntag 经理很快找到了他们所追求的东西，并派 25 名同事参加为期 12 天的优质服务培训课程。培训结束后，这些 Brenntag 员工带着愉快的心情和学到的新知识回到公司，并在各自的岗位上负责领导改进项目。

为了解所推出的举措是否带来了持久性的改进，我们在接下来的几个月采取了进一步措施，每月进行一次跟踪。这种跟踪比 360 度分析的时间要短得多，能有针对性地解决关键问题，因此每月都会显示净推荐值（NPS）。

到目前为止，我们在试点国家已经投入了两年的时间，在优质服务领域已经取得了一些显著的成果。这些成果不仅包括 NPS 的增加，还包括顾客流失率的下降以及收入和利润的增加。这促使我们决定：这个主题需要推广到更广泛的范围内，因为它对我们的整体业务有着积极的影响。

3.2　一个全面的框架

第一步已经完成，我们已经证明了优质服务对 Brenntag 的商业模式具有积极影响。现在的问题是为所有其他国家提供一个概念，一方面，要适应每个国家的文化和组织结构；另一方面，还要让这些国家有自由发挥创造力、适应地方差异及特色的空间。

第一步是统一理解我们的顾客旅程。在几个为期一天的研讨会上，我们开发了"Brenntag 顾客旅程"，并随后进行了设计（见图 12 - 1）。现在可以使用这个旅程来向顾客和员工展示他们对顾客体验的影响，并且每个员工都是顾客体验的一部分。

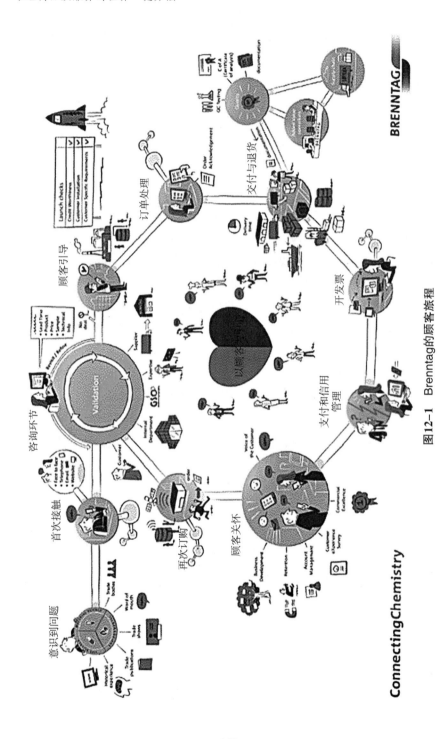

图12-1 Brenntag的顾客旅程

第二步，是根据试点国家的经验创建框架，它包括确保模型成功实施的最基本主题。先需要解释一下优质服务到底是什么。为此，我们选择了一个金字塔，并辅以一个实际例子（见图 12 - 2）。

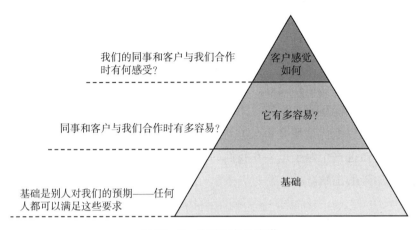

图 12 - 2　优质服务金字塔

问自己一个问题：你的最后一次飞行有什么事情让你记忆犹新？答案通常会是饮料很贵或没有食物，座位空间很小，在飞机上看过的电影，飞机晚点或遇到气流。但现在，再问自己一个问题：航空公司的核心业务是什么？核心业务是安全、准时地把乘客从 A 点运到 B 点，而不是提供美味的食物、宽敞的座位空间或多种娱乐。但很少有人记得他们的航班是否准时，飞机是否安全着陆，这一点被认为是理所当然的。只有当航空公司不能完成其核心业务时，它才不再满足我们金字塔中的基本要求，并且为乘客提供高品质的服务变得更加困难或不可能。

Brenntag 的情况也不例外。其核心业务是在正确的时间、正确的地点，以正确的数量安全地交付化学品和原料。这一业务在 98% 的时间内完美无缺，但顾客永远不会忘记那 2% 的不佳时刻。然而，一切进展顺利的98% 的时间并不能保证顾客会自动变得更加忠诚，顾客期望按照已经达成的条款收到他们的订单。

要实现优质服务，必须具备一个适当的基础。之后，它归结为两个最重要的方面：与我们做生意的便捷程度和顾客的感觉如何。下订单是否复杂？如果有的话，发票或报价是否送到顾客的门口？顾客是否需要经常询问才能获得报价或样品？这些都是我们需要问自己的问题，这可以帮助我们了解与我们做生意的难易程度。而在情感方面，需要问的问题包括：在当今时代，驾驶员是否遵守需要遵守的卫生措施？顾客是否感到他们的联系人理解他们？顾客的问题是否被认真对待？我们是否理解顾客的商业模式，以便可以更好地满足他们的需求？

我们考虑了所有这些方面，以便为每个国家和地区引入成功的优质服务概念。当这一切运作良好，顾客对我们的优质服务感到高兴并持续增长时，就创建了优质服务框架。

我们可以把优质服务框架想象成一个房子（见图 12 - 3）。首先，是有人想要搬进这个房子里。在我们的案例中，每个国家或地区都有责任负责优质服务的主题。

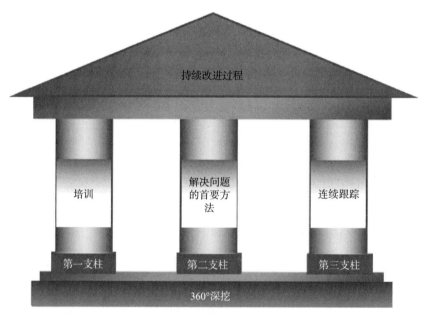

图 12 - 3　优质服务的框架

其次，房子的地基必须建造。为此，我们与外部市场研究机构合作，发起了一项 360°深度调查。这次深度而全方位的调查同时通过线上和电话访谈的形式进行。调查还针对具体国家进行了深入分析，以体现各地差异。在此基础上，房子的支柱随后被建起来。在这个国家负责优质服务的人，如果没有支持，将无法将优质服务导入到公司的所有领域。因此，第一个支柱是培训。通过与优质服务培训师项目的合作，我们培训了欧洲、中东和非洲（EMEA）的 300 多名同事，以提供支持并将优质服务进一步推向组织。第 3.3 节对培训进行了更详细的解释。

　　第二支柱基于初始问题的解决方法。通过深入研究，我们已经能够确定需要解决哪些领域的问题，即我们的顾客在哪些方面没有得到最佳服务，当然，还有我们已经提供优质服务的领域以及如何扩展或维持这些领域。第二支柱将解决这些初始问题。

　　第三支柱涉及持续跟踪。这意味着至关重要的不仅是记录顾客的某一次意见，还应该持续不断地记录顾客的意见，以便尽快应对市场变化。第 3.4 节对持续跟踪做了更详细的说明。

　　这所房子的屋顶是一个持续改进的过程。优质服务是一个不断变化的概念。顾客的期望和要求在变化、技术在不断成熟且不断有新的技术加入。此外，总会有可以测算和无法测算的危机出现。在优质服务领域，我们必须对所有这些做好准备，并根据这个房子的基础和三个支柱建立一个持续改进的系统。

3.3　我们需要一场森林大火——或者至少有许多熊熊燃烧的火焰

　　如前文所述，我们需要处理所有情况并建立一个持续改进的体系。然而，正如前文所提到的，这不可能由一个人来完成。化学品和原料分销仍然是一个非常本地化的业务，因此我们需要当地以及许多不同职位和领域的同事们都热衷于实现优质服务并将这种愿望融入公司。

　　这里最重要的一点是尽可能地帮助更多的人，因为每一点支持都有助于公司更加以顾客为中心。出于这个原因，我们的一个方法是在场：当同事们在 Brenntag 开始工作时，我们在场；在同事们与 Brenntag 共同经历的过程中也一直保持在场，并且始终对建议、意见以及批评持开放态度。

　　另一个重要方面是尽可能多地培训人员。为什么培训如此必要？通常，公司会衡量关键数字，并在不将学到的经验转化为行动或不知道如何处理这些关键数字的情况下再次衡量它们。然而，优质服务并不仅仅是衡量指标，它也关乎优化顾客满意度——内部和外部——并长期留住我们的顾客。我们必须证明与我们做生意很容易，我们必须成为他们选择的供应商——他们最喜欢的供应商，可以这么说。优质服务培训课程解释了如何将关键数字、测量、流程和个人印象结合在一起，它为同事们提供了可用于绘制顾客旅程地图的工具和技术——分析每个顾客接触点的体验，制定服务流程和程序，以扭转负面体验，并在内外部服务中定义关于优质的标准。

基于这个基础，Brenntag 决定在每个国家提供为期三天的优质服务课堂培训，根据国家的规模和员工数量的不同，大约有 12～80 人接受了这方面的培训。此外，我们遵循"培训培训师"的原则，在三天的优质服务培训之后又添加了为期两天的培训师培训课程。通过这种方式，我们能够确保来自各个领域的同事能够将他们的知识传授给其他同事。

然而，当 2020 年 3 月新冠疫情暴发时，我们不得不做出一些改变。经过一些尝试和错误，我们建立了一个非常有效的以虚拟方式进行的优质服务计划。每周两次，为期五个星期，每次两小时，通过视频会议进行面对面的培训，由于是虚拟会议室，参训者能够根据在集体课程中学到的主题进行实践操作，此外还有可以在日常购物或网购中观察和练习的课后作业。这种纯粹的虚拟形式不仅省了差旅和住宿费用，还成功地培训了比最初计划更多的同事。到 2021 年第一季度末，Brenntag 已经为 EMEA 地区①的 320 多人提供了优质服务培训。

随后，这一最佳实践扩展到全球其他地区，并在 2021 年用于培训各个领域的同事，正如标题所描述的，点燃一场森林大火或燃起多个熊熊火焰。

经过培训的优质服务大使，其任务是与负责优质服务的具体人员进行合作，以解决在某个国家或地区中发现的问题，并为他们提供专业的知识。

---

① 译者注：EMEA 地区是欧洲、中东和非洲地区（Europe，Middle East and Africa）。

3.4　反馈是关键

无论是来自员工的反馈还是来自顾客的反馈，反馈在许多方面都是优质服务的关键。

——内部反馈

如前文所述，我们的培训工作之一是让同事参与，并从内部角度收集关于顾客旅程地图的想法和反馈意见。公司的员工都具有一定的知识，可以提前列举出许多我们的内部和外部顾客可能不完全满意的地方；此外，他们往往会有可能的改进方案或想法。因此，除了获取外部反馈之外，获取内部反馈始终是有意义的。

——外部反馈

顾客反馈，或总体上的外部反馈，对于将外部意见引入公司至关重要。Brenntag 已决定建立一个与 Brenntag 全球一致的全球反馈系统。该系统基于实时方法，即在尽可能接近顾客实际体验的情况下实时发送调查问卷。为达到这一目标，遵循 GDPR[①] 要求，该调查问卷软件与我们 CRM 系统进行连接，获取关于每个交易的信息，并将有价值的顾客数据一并发送。目前，针对以下交易向顾客发送调查问卷：

- 发票
- 报价
- 销售电话
- 客户经理拜访
- 投诉

顾客会在几分钟内收到关于上述主题的调查问卷。只有关于发票的调查会在一周后或按要求的交货日期发送，以确保顾客能够回答交货相关的问题。每个顾客一年内可被联系四次，并且至少会收到两份不同的调查问卷。例如：顾客 A 在 1 月份收到了发票，随发票一起发送了调查问卷；然

---

① 译者注："GDPR"是指"General Data Protection Regulation"，也就是《通用数据保护条例》。这是欧盟于 2018 年实施的法规，旨在保护个人数据隐私和加强数据保护措施。遵守 GDPR 意味着组织需要采取适当的安全措施来保护个人数据，并且需要明确告知个人他们的数据将如何使用，并获得他们的同意。GDPR 还规定了对数据泄露和违规处理个人数据的处罚。在处理个人数据时，遵守 GDPR 对于保护用户隐私至关重要。

后，顾客 A 在接下来的三个月内会被屏蔽，不会再收到另一份调查问卷，直到四月份；然而，在四月份，顾客 A 只能收到除发票主题以外的其他主题的调查问卷，对顾客 A 关于发票主题的调查问卷要到七月份才会再次激活。因此，对调查问卷有六个月的间隔期，而对顾客有三个月的间隔期。

当顾客花时间回答调查问卷时，他们的反馈不仅会通过我们的调查工具进行分析，而且还会反馈到我们的客户关系管理系统（customer relationship management system，CRM 系统）中。在我们的 CRM 系统中，销售人员可以精确地看到顾客对 Brenntag 的评价，以及是否有任何改善或恶化的情况，这也是沟通的绝佳基础。

此外，反馈被用于启动所谓的闭环过程，以便与顾客取得联系，讨论他们的评价或仅仅是感谢他们的反馈。我们会定期进行月度和季度分析并生成报告以确定存在的问题，然后基于这些问题创建改进项目。

因此，反馈非常重要，因为它为我们提供了对公司的内部洞察，并使我们能够保持外部视角，专注于顾客的认知、体验和个人印象。

4. 展望

Brenntag 内部的优质服务计划已经向我们展示了优质服务的重要性和应对危机的效率，特别是在疫情肆虐的 2020 年和 2021 年。此外，日益全球化的关注也让我们在协调和标准化方面迈出了重要一步，并推动了大量最佳实践的分享和跨区域合作。因此，2022 年和 2023 年的目标将完全聚焦于"协调"和"超越"，以进一步推动全球范围内的优质服务，加强和扩展已有的跨区域合并，并启动全球统一项目。通过这种方式，我们能够集结所有国家的优势，以实现塑造以顾客为中心的共同目标。无论我们是 B2B 还是 B2C 公司，我们都是在和人打交道，所以应该称之为"人对人（H2H）"。为了实现这一目标，我们将设定全球优先级，改进和发展可与 Brenntag 世界相媲美的服务标准，顾客不会注意到任何显著差异。实现这种标准化和协调化需要一些时间，但在高级管理层和同事们的支持下，我们同样会在这方面取得成功，让 Brenntag 更接近未来的 H2H 业务。

一些具体措施包括：

- 进一步推广我们的标准调查工具
- 与商业部门合作，展示优质服务带来的经济影响
- 启动全球改进项目
- 通过沟通工具进一步提高认识
- 实施一个可以在全球范围内使用的详细闭环系统

Brenntag 还远未结束这个激动人心的旅程，优质服务是一个可能永远不会结束的旅程，将不断揭示新的机会。这不应该被视为负担，而应该被视为机会：顾客正在改变，Brenntag 正在改变，我们都在改变，我们需要作为一家公司应对这些变化，并缩小与顾客需求之间的差距。基于所有这些展望，未来将会令人兴奋。不过有一件事是肯定的：我们可能是一家 B2B 公司，但本质上，我们一直是一个 H2H 公司。

参 考 文 献

［1］ Brenntag（n. d. a）. History of Brenntag, https：//www. brenntag. com/en-at/about/history/, accessed 01/11/2022.

［2］ Brenntag（n. d. b）：Annual report 2020, https：//annualreport2020. brenntag. com/annual-report – 2020, aufgerufen am 24. 06. 2021.

［3］ Brenntag（n. d. c）. Our history, https：//www. brenntag. com/en-at/about/history/, accessed 5/15/2022.

［4］ Brenntag（n. d. d）. Welcome to Brenntag in Germany, https：//www. brenntag. com/en-de/, accessed 01/12/2022.

［5］ Budde, F. , Felcht, U. – H. and Frankenmoelle, H.（2006）. Value creation strategies for the chemical industry, Weinheim.

［6］ Globalnewswire（n. d. ）. Chemical distribution market size to reach US＄412. 4 by 2030, https：//www. globenewswire. com/news-release/2021/10/28/2323297/0/en/Chemical – Distribution – Market – Size-to – Reach – US – 412 – 4 – Bn-by – 2030. html, accessed 01/26/2022.

［7］ Sellig, G. J. , LeFave, R. and Bullen, C. V.（2010）. Implementing strategic sourcing, van Haren Publishing.

第 13 章

监测优质服务行为和结果

E. ON SE 顾客体验中的优质服务：
净推荐值的作用与应用

克里斯蒂娜·罗迪格 (Kristina Rodig)

克里斯托弗·J. 拉斯汀 (Christopher J. Rastin)

【概述】

本章为 E. ON SE 公司的顾客体验优质服务计划奠定了基础。鉴于欧洲能源市场自由化进程的近期历史，对于公用事业公司来说，将顾客放在首位、了解他们的需求、解决他们的疑虑以及让顾客感到超出期待的满意，已经成为一项新的挑战。

全球研究与洞察团队的研究结果为全球洞察、顾客体验与营销团队策划和实施各项倡议提供了依据。这些团队共同为在日益激烈的竞争环境中实现可持续的顾客服务差异化和能源品牌差异化奠定了基础，也为 E. ON 的顾客体验优质服务奠定了基础。

1. E. ON 的顾客体验优质服务计划是什么？

顾客体验优质服务计划（customer experience service excellence program，CSEP）可能很复杂，难以理解，并且实施成本高昂。但是，如果通过适当的规划和协调，可以务实设计和实施 CSEP，而不会"过度设计"。

当前存在许多优质服务模型，从约翰斯顿的优质服务框架（Johnston，2004）到 ISO/TC 312 优质服务技术委员会的工作。该委员会正在制定 ISO 优质服务的全球标准。E. ON 借鉴了这些模型，采取了务实的方法来设计和实施其 CSEP，将逻辑模型的基本要素与多种优质服务模型结合在一起进行绩效评估。

E. ON 的 CSEP 的开发和管理不是很容易或很快完成的事情。这需要回归到基本问题：低利率市场是否需要这样一个计划，以及 E. ON 及其顾客是否会从中受益。

在 E. ON，CSEP 认为顾客忠诚度和满意度可以从顾客是否愿意向朋友或同事推荐 E. ON 来衡量，即净推荐值（NPS ©）。[①] 简而言之，NPS 是一个 –100 ~ +100 的分数，其得分基于以下问题："按照 0 到 10 的等级，你有多大可能向朋友或同事推荐 E. ON？"在这个 11 级的评分中，将 E. ON 评级为 9 或 10 的人被视为推荐者，而评级为 6 或以下的人被视为"贬低者"。评级为 7 或 8 的人被称为"被动者"。然后，将贬低者的百分比从推荐者的百分比（基于整个样本）中减去（Reichheld，2003）。

尽管意识到净推荐值这一指标具有局限性（Hayes，2010；Morgan & Rego，2006；Keiningham et al.，2008），但仍确定 NPS 是 E. ON 制定顾客体验优质服务计划的指标。本章稍后将简要讨论 NPS 的局限性。

1.1　为什么 E. ON 需要顾客体验优质服务计划？

自 20 世纪 90 年代以来，欧洲能源市场经历了各种形式的自由化。1996 年 6 月，欧盟经济和能源部长们就自由化内部电力市场的 1 号指令达成一致。与英国等国家不同，德国从未有过单一的国家能源供应商。然而，尽管存在多个电力供应商，电力市场上的竞争却很少（Delia，2013）。表 13 – 1 列出了欧洲市场自由化之前和之后的核心区别。

能源市场自由化对优质服务的影响是显而易见的，那就是竞争。随着竞争性市场的引入，顾客突然有了更换供应商的选择，能源公司需要创造和宣传自己的竞争优势。在商品完全相同且价格差异机会有限的情况下，服务和优质服务在将公司与竞争对手区分开的方面发挥着突出作用。这回答了为什么 E. ON 公司需要 CSEP 的问题。

　　[①]　Net Promoter ©，NPS ©，NPS Prism © 和与 NPS 相关的表情符号是 Bain & Company，Inc.，Satmetrix Systems，Inc. 和 Fred Reichheld 的品牌。Net Promoter Score[SM] 和 Net Promoter System[SM] 是 Bain & Company，Inc.，Satmetrix Systems，Inc. 和 Fred Reichheld 的服务品牌。

表 13 - 1   欧洲市场自由化

自由化前	自由化后
垂直整合市场	国有电力垄断企业的私有化
	竞争性环节分离
	发电和输电结构重组
	创建公共能源批发市场

资料来源：Delia, 2013.

随着计划的不断发展，越来越明显的一点是，CSEP 计划将使 E. ON 相比于越来越多的新市场进入者，更具有竞争优势。从前，E. ON 没有一种一致的方法来衡量和理解所有市场的顾客体验和服务感知，也没有统一的衡量标准，无法明确界定基准表现。这种一致性的缺乏导致团队混乱，没有针对什么是好的服务或坏的服务达成共识，进而导致在应对顾客服务挑战的最佳方式和成功的界定上存在分歧。

在制定 CSEP 配置文件时，通过一系列问题（见表 13 - 2）来应对这些挑战：是否存在对这种类型的计划的普遍需求；该计划与 E. ON 公司的企业战略和优先事项的一致程度；谁将成为该计划的受益人；E. ON 在重要市场上是否具备实施这样一个全面计划所需的财务资源以及内部、外部和区域利益相关者是否已经支持或将会支持这个计划。

表 13 - 2   NPS 项目概述

问题	回复
是否有必要制定 CSEP？	是的，随着竞争的引入，有必要更好地了解顾客及其需求。目前在定义和措施方面存在困惑
整体计划是否与 E. ON 的战略和优先事项保持一致？	既可以回答"yes"，也可以回答"no"——在市场自由化的推动下，E. ON 已更新其战略和政策，以体现对顾客至上的需求
该计划的受益人是谁？	E. ON 的顾客被确定为该计划的直接受益人
实施该计划所需的资源是否已经准备就绪？	欧洲国家内不同形式的自由化要求建立单独的计划。建立一个总部级的优质服务中心，以确保专业知识的传递，并能够影响区域预算和优先级的设定

续表

问题	回复
利益相关者是否会接受此类计划?	该计划是"自上而下"的计划。从 2010 年开始实施明确的目标，最初是为了实现足够的资源和能力发展，从 2014 年开始将奖金支付与管理者目标实现联系了起来

1.2　制定绩效评估战略

定义优质服务的结构很复杂，更不用说制定绩效指标了。例如，在 E. ON，选择净推荐值（net promoter score，NPS）作为评估业绩的指标，以区分满足和超越顾客期望之间的细微差别——顾客只是感到满意还是感到高兴?

基于对 CSEP 的需求，NPS 被选为最有效的指标，其能够帮助 E. ON 了解顾客体验，使整个公司能够关注适当的顾客交互测量和干预策略。

在核心流程中，在相关的触点定期进行顾客调查，并衡量顾客推荐我们的意愿。基于多个触点测量的累积被称为旅程净推荐值（Journey NPS，jNPS），这使 E. ON 能够更好地了解和改善特定的顾客交互。然而，这种方法的局限性很快就显现出来，主要是因为这种形式的测量只允许随着时间的推移对 NPS 进行监控，并提供自我参考或基准，不允许与竞争对手进行比较。

由于能源公用事业是低参与度的产品类别，有 30% ~60% 的顾客在六个月或更长时间内与供应商几乎没有或没有任何联系，因此开发了一种战略性 NPS 测量系统（strategic NPS measurement system，sNPS），它让我们能够与市场上的竞争对手进行直接比较，而不受接触频率的影响。

sNPS 是集体性的，根据以下标准使用：

- 它们由独立机构通过在线小组进行收集；
- 基于具有全国代表性的抽样样本；
- 竞争对手参考组遵循相同的抽样逻辑；
- 相应市场结构的映射源自自然沉淀，单一竞争对手的市场份额波动不超过 3% 。

基于这些测量，我们制定了绩效衡量战略，为评估顾客体验、实现 jNPS 和 sNPS 的预定目标提供依据。除了 NPS 外，我们还会衡量品牌表现以及非顾客考虑度，以完善目标图景。图 13 - 1 展示了整合现有顾客和非顾客感知的目标结构的逻辑。

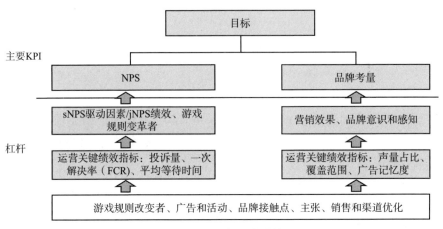

图 13 - 1　目标层次结构

1.2.1　CSEP 逻辑模型

任何卓越计划最初都需要对员工、IT 支持、管理资源等进行投资。为了更好地证明这种投资的合理性，CSEP 开发了一个逻辑模型以帮助人们理解该计划的复杂运作以及如何监控绩效（见图 13 - 2）。该模型使人们对 CSEP 的内部运作及其对运营和管理绩效的依赖有了共同的认识以实现预期的计划成果，这反过来又改善了这些相互依存的群体之间的沟通（McLaughlin & Jordan，1999）。

这个 CSEP 逻辑模型提供了财务和人力资源投入与期望结果之间的高阶视角，概述了改善 NPS 绩效的三个主要投入：顾客体验（customer experience,）、顾客洞察（customer insights）以及品牌和传播活动（brand and communications activities）。这三个团队拥有不同的职能，但共同的目标是增加顾客将 E. ON 推荐给朋友或同事的可能性。每个团队使用不同的方法来实现这些目标，全球研究和洞察（global research and insights）作为团队

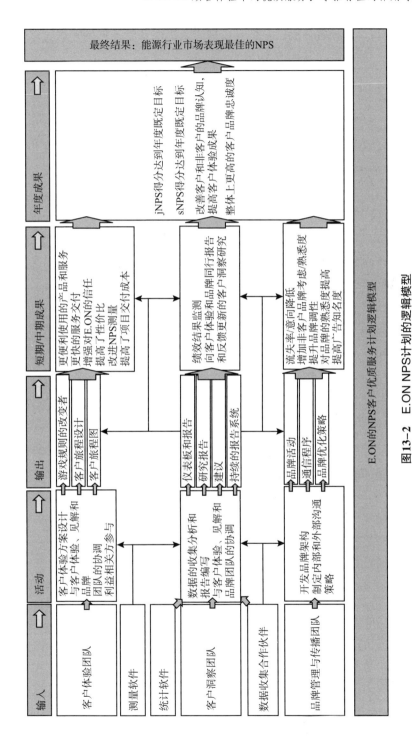

图13-2　E.ON NPS计划的逻辑模型

— 161 —

之间的接口，向顾客体验、品牌与传播团队提供基于证据的建议，以了解和优化他们的活动，从而改善 NPS。

1.2.2 CSEP 的实施

实施这个系统并不是一件容易的事情。应分配资金以系统地收集 NPS 测量结果，软件被许可发送问卷，购买程序以统计分析和建模，这些分析和建模将被用于理解和报告 CSEP 计划的进度，此外还需雇用研究和洞察专业人员。

运行仪表盘的开发旨在为员工和管理层提供快速简便的访问关键绩效指标的方式，同时我们与一家外部合作伙伴签约，每月收集数千份 sNPS 的个人调查数据，涵盖九个欧洲市场。E. ON 对员工进行投资，以实施并充分利用这些新的资源，并将该项目与我们在所有市场中成为顾客至上的领导者的最终目标相协调。

我们制定了指南，确立了所有抽样和统计方法、抽样结构和调查频率的最低要求，以满足内部和外部审计的要求。

2010 年，E. ON SE 管理委员会将 NPS 计划纳入全公司奖金结构。自 2014 年以来，所有执行官的奖金都与 NPS 目标的实现有关，自 2016 年以来，高达 20% 的执行官奖金取决于 NPS 的绩效。

2. 如何提高 NPS

在举例说明 E. ON 如何提高 NPS 之前，有必要明确 NPS 能做什么和不能做什么，必须对"单一关键绩效指标可以用于管理企业"这一假设提出疑问。

一些学者（Keiningham et al., 2008）试图验证一个观点，即推荐意愿是商业成功的最佳预测指标，并试图尽可能复制弗雷德·赖克哈尔德（Fred Reichheld）的研究方法。在测试了多个行业的多个指标之后，得出结论：

"……虽然有更多变量会让人感到乏味，有时还会让你对正在研究的东西产生误解，但变量太少会导致盲人摸象。在我们看来，这正是 NPS 的不足之处：将复杂的东西简化成一个数字或一个指标"（Keiningham et al.，2008）。

有学者（Hayes，2010）进一步指出："NPS 不是商业业绩指标的最佳预测指标。其他传统的忠诚度问题同样能够很好地预测收入增长。赖克哈尔德关于 NPS 优点的说法被严重夸大了。赖克哈尔德和其他共同开发人员没有解决关于他们宣称的主张背后的研究质量（或缺乏研究）的问题。"

对 E. ON 而言，特别值得注意的是赖克哈尔德关于 NPS 是否适用于垄断或近似垄断行业的担忧（Reichheld & Markey，2011）。如上所述，考虑到欧洲能源行业的独特性、某些市场近期的自由化以及其他市场的缺乏自由化，这一点在选择 CSEP 衡量标准时同样至关重要。

尽管意识到 NPS 的局限性，E. ON 还是决定将这一指标作为 CSEP 的核心。比分数本身更重要的是要理解如何改善结果，以及如何清晰地体现行动与改善的 NPS 之间的关系。

2.1　通过研究、洞察和经验提高服务水平

科学中的一个基本概念是：测量使研究人员能够对理论进行检验并根据这些测量结果做出预测。在 E. ON 的 CSEP 中，期望能够提高 NPS 的顾客体验或品牌活动，必须与 NPS 绩效改善之间具有可测试和可验证的关系。这些测试结果构成了报告的基础，并用于得出关于哪些行动领域能够对绩效改善做出最有效贡献的建议。

研究团队使用多种定量和定性数据分析方法来获得实现项目成果所需的洞见，他们关注实际服务交付和顾客期望、体验与感知之间的差距。中期目标是获得能够解释这些期望、体验和感知与其对 NPS 的改变能力（影响力）之间关系的模型，这些被称为驱动模型（见图 13 - 3）。

图 13 - 3 展示了包含每个驱动因素重要性的通用驱动模型，利用 Shapley 值回归建模。这些基本模型构成了绩效对话的基础，并有助于更好地理解最佳资源配置方式。该示例模型表明，这些特定驱动因素对 NPS 变动的解释率为 60%。更重要的是，该模型揭示了每个驱动因素的可能性和其在改善 NPS 业绩上的能力。其中，"物有所值"和"具有竞争力的价格"是最强的 NPS 驱动因素，但在执行方面表现最差，这为如何分配资源以最大限度地提高业绩提供了丰富的洞察。

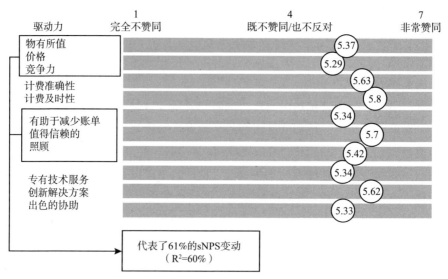

图13-3 驱动表现的示例

通过多元回归进行更详细的分析，可以将数据进一步分解，帮助我们进一步理解 NPS 评分中的高端批评者（给出 5 分或 6 分者）、中立者和推荐者之间的微妙感知差异。根据图 13-3 中显示的驱动表现，可进行分组分析，以确定对于顾客而言最重要的因素是什么，从而获得额外的 NPS 分数或两个分数（见图 13-4）。

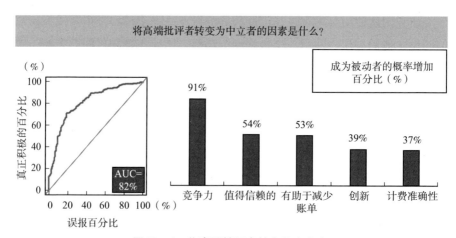

图13-4 将高端批评者转变为中立者

这些结果表明，顾客体验团队需要更加注重价格性能、信任和计费等维度。

此外，作为一家创新公司，改善顾客感知有助于提高 NPS。后文将介绍的贝叶斯模型也有助于指导顾客体验团队采用最有效的渠道，以确保高端批评者等子群体的价格合理性。

虽然深入分析数据可能看起来过于烦琐，但对这一点进行充分强调并不过分。这些数据构成了 CSEP 改进建议和洞见的基础，结果必须在整个组织中分享并采取相应的干预策略。这就要求信息尽可能容易获取和易于沟通。

2.2　贝叶斯网络

虽然驱动模型解释了特定的服务、品牌体验与 NPS 之间存在多大的方差，但这些模型并未完全揭示出这些关系的因果性。贝叶斯理论可帮助解决这一盲点。

以顾客信任为例，这是一种非常抽象和复杂的结构。一个研究与洞察团队不能简单地提出"您需要提高我们的顾客信任"这样的建议。此外，在我们的很多市场，信任是 NPS/推荐的最重要驱动因素，NPS 和信任往往高度相关（$p > 0.8$），甚至可以互相替代。为了理解顾客体验团队如何更好地发展顾客信任，贝叶斯网络能够使我们理解信任的基本原理，并在此基础上扩展到基于初始驱动因素建模的 NPS 的基本原理（见图 13 – 5）。

在这个网络中，我们可以看到，仅仅达到或超过基本服务期望就可以带来更大的信任和更高的 NPS。其中，可靠的电力供应、价格增长的透明性、对顾客忠诚的奖励等，都有助于提高服务质量，使其在与顾客打交道时畅通无阻。当这些驱动因素得到满足时，顾客更可能对其产生信任和进行推荐。

此类分析为顾客体验和优质服务团队提供了更具关联性的信息和建议，使他们能够追踪驱动因素之间的因果关系。

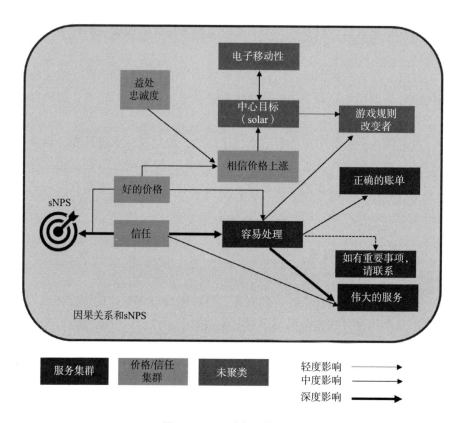

图 13 - 5　贝叶斯网络示例

2.3　情景模型工具

尽管运营仪表盘和报告让数据变得生动起来，但数据和研究结果还必须有助于改进驱动因素以提高 NPS。在这里，贝叶斯和回归建模在一种情景或"假设"工具中结合（见表 13 - 3）。

利用将驱动因素回归到 NPS 的标准多元回归建模中派生出的标准代数方程 [$NPS = B0 + (B1 \times X1) + (B2 \times X2) + (B3 \times X3) + \cdots + e$]，顾客体验团队可以获得工具来估计他们需要提高特定顾客体验的幅度，并且这种改进将导致更高的 NPS。通过让组织了解调整 X1、X2、X3 等因素如何改变 NPS 的值，这些团队可以更好地理解相关资源如何影响预期结果。

表 13 – 3 　　　　　　　　　　　　情景模型工具

驱动因素	shapley 值	β	期望的驱动因素得分	真实的驱动因素得分	改变的%	预测到的NPS
对能源价格的满意度？	18	0.11911	4.67	4.67	0.00%	14%
提供的信息与我相关	11%	0.05885	5.04	5.04	0.00%	
便于处理	12%	0.05455	5.52	5.52	0.00%	
理解我的需求	13%	0.05266	4.73	4.73	0.00%	
给我简单和清楚的指示	11%	0.03594	5.36	5.36	0.00%	
提供出色的客户关照	9%	0.03261	5.67	5.67	0.00%	
具有高质量的服务	9%	0.03034	5.84	5.84	0.00%	
符合我的需求	11%	0.02819	5.53	5.53	0.00%	
是一个值得信任的企业	8%	0.02717	5.97	5.97	0.00%	
$R^2 = 39\%$	100%	5.37	5.37	0.00%		

注：预测 NPS = – 2.134238 + (0.11911 × 4.67) + (0.05885 × 5.04) + (0.05455 × 5.52) + (0.05266 × 4.73) + (0.03594 × 5.36) + (0.03261 × 5.67) + (0.03034 × 5.84) + (0.02819 × 5.53) + (0.02717 × 5.97) + e。

通过简单地改变工具中所需驱动因素的平均值，人们可以看到由于相应的驱动因素改进，NPS 将增加多少。这对于实现目标尤为重要，因为它允许管理者和利益相关者估算出实现这一改进所需的资源数量。

2.4 品牌和营销传播活动是改变观念的先决条件

如前文所述，30% ~60% 的顾客称，他们与 E. ON 公司已经有六个月或更长时间没有联系了。从服务和顾客体验管理者的角度来看，这是一个问题。如果顾客长时间没有与公司接触，那么通过直接体验来积极塑造他们对公司的看法是不可能的，这一空白必须通过品牌和传播活动来弥补。可以套用这样一个思想实验：如果你拥有优质的顾客体验或举措，但是没有人能够亲身体验，那么这个体验真的存在吗？

对于这个问题的回答强调了跨部门协调对于 CSEP 的重要性。仅靠接触这一渠道，顾客体验团队很难提高顾客对特定产品或服务的认识，品牌和营销传播可以使顾客更广泛地参与进来，对现有产品和服务进行普及教育，进而提高顾客的认识程度。

更为重要的是，通过回归和贝叶斯统计发现，除了提高价格认知外，产品供应也是提高服务和信任感知的基石。

也许并不意外的是，更积极的品牌感知与顾客向他人推荐 E. ON 的可能性高度相关。

通过相应的模型，可以得出有关品牌和营销沟通团队的见解和建议，以制定最适合增加顾客推荐 E. ON 给他人可能性的信息。从其他模型中可以看出，性价比是一个强有力的预测因素。在大多数顾客无法准确说出他们支付的确切价格的行业中，这带来了挑战，因为典型的回应包括"我们会降低价格"，这完全忽视了这种类型分析的重点。关键是要向顾客明确服务的价值。在 E. ON 的案例中，这个价值必须通过直接的顾客体验来证明，或者有意义地传达给那些在很长一段时间内几乎没有直接经验的顾客。

3. 结论

本章提供了对 E. ON 实施 CSEP 的原因和方法的概述，并总结了如何利用数据洞察来制定提高 NPS 表现的策略和活动。

总之，让我们再次提及在制定、实施和监控 CSEP 时所讨论的关键要素。首先，创建计划至关重要。该计划必须描述对这类计划的需求、所需的资源及其对实现计划预期目标的潜在影响。这需要与广泛的利益相关者进行协商，而当计划制定得恰到好处时，它将极大地促进计划的实施，并能获得更多利益相关者的参与和支持。

其次，项目必须有针对性，具有可衡量性，并有明确的目标和成果。这些目标和成果应在完善且详细的逻辑模型中有所概述。在制定项目概况和逻辑模型时，只要这些基本标准得到所有利益相关者的支持，尤其是得到管理层和顾客的支持，就可以确保这些标准的实现。

CSEP 是一个永无止境的旅程。我们享受成功，也从失败中吸取教训。我们看到，一些活动没有产生预期的效果，而另一些活动却表现得令人惊讶。更好地理解我们成功和失败的原因，并最大限度地发挥 CSEP 的性能，这一点至关重要。即使结果不佳，也不一定意味着基本前提是错误的——也许是在实施一项合理的策略的过程中存在缺陷，从我们的活动中获得的研究和见解可以帮助我们理解。有时候一个想法不错，执行起来却不尽如人意。基于此，我们提供了具体的改进建议。

参 考 文 献

［1］ Delia, V. (2013). A glance at the European energy market liberalization, CES Working Papers, ISSN 2067 – 7693, Alexandru Ioan Cuza University of Iasi, Centre for European Studies, Iasi, 5 (1), pp. 100 – 110.

［2］ Hayes, B. E. (2010). Beyond the ultimate question：A systematic approach to improve customer loyalty, American Society for Quality, Milwaukee.

［3］ Johnston, R. (2004). Towards a better understanding of service excellence, Managing Service Quality, 14 (2/3), pp. 129 – 133.

［4］ Keiningham, T., Aksoy, L., Cooil, B. and Andreassen, T. (2008). Linking customer loyalty to growth, MIT Sloan Management Review, July 1.

［5］ McLaughlin, J. and Jordan, G. (1999). Logic models：A tool for telling your program's performance story, Evaluation and Program Planning, 22, pp. 65 – 72.

［6］ Morgan, N. and Rego, L. L. (2006). The value of different customer satisfaction and loyalty metrics in predicting business performance, Marketing Science, 25 (5), pp. 426 – 439.

［7］ Reichheld, F. F. (2003). The one number you need to grow, Harvard Business Review, 81 (12), pp. 46 – 54, 124.

［8］ Reichheld, F. F. and Markey, R. (2011). The ultimate question 2. 0 (Revised and Expanded Edition)：How net promoter companies thrive in a customer-driven world, Harvard Business Review Press, Boston.

第 14 章

展　望

优质服务的新发展

马蒂亚斯·古泰尔（Matthias Gouthier）

【摘要】

在阅读了本书后，任何认为自己已经掌握了优质服务所需一切知识的人都会改变这种想法。作为一名专家，与优质服务打交道的时间越长、越深入，就越会意识到优质服务在经济和科学领域仍有许多未知领域。本书最后讨论了目前正在出现的七个发展趋势，这些趋势将在未来几年塑造优质服务发展格局。

1. 优质服务——一本带有七枚印章的书

在本书中，对这些发展的感知、评估和选择不是基于经验验证的研究结果，而是作者的主观评估。然而，这种个人判断是基于多年的科学研究、咨询和各种转移活动做出的。特别是，作为 ISO/TC 312 "优质服务"技术委员会的主席并积极参与其工作组和任务，使我获得了坚实且最新的知识，从而能够了解未来几年这一领域将如何发展。因此，在 ISO/TC 312 "优质服务"技术委员会讨论的框架内，目前正涌现出七大发展趋势，后文将对此进行详细讨论：

- 优质服务认证
- 优质服务测评（绩效）
- 优质服务实施

- 优质服务资格
- 内部优质服务
- 数字化优质服务
- 特定行业优质服务的差异化

以上所列内容的顺序完全随机，与相关性无关。

1.1　优质服务认证

自 ISO 23592：2021 发布以来，关于认证的话题越来越多。德国和德国之外都有人询问公司能否根据该标准进行认证。然而，在之前的（德国）市场上，已经有不少认证公司提供了优质服务认证。例如，TÜV SüD、TÜV Nord CERT 和 DQS 是三个知名的德国认证机构，目前提供优质服务认证。然而，其仍然基于之前的标准，即 DIN SPEC 77224：2011 和 CEN/TS 16880：2015。虽然这两个标准都是技术规范，但目前市场上已经有了正式的全球 ISO 标准。这会导致两个后果：一方面，获得认证的吸引力增加了；另一方面，这些旧的标准将很快退出市场。因此，想要尽快获得认证的公司和想要提供此类证书的认证机构应该立即适应新的 ISO 标准。

1.2　优质服务测评（绩效）

优质服务模型的一个要素，或者更准确地说，是第九个要素，专门用于衡量优质服务活动和结果。这就要求组织系统地制定和应用一套内外部指标，这些指标应关注所有模型要素。然而，这方面的内容相当笼统，总共只有不到两页的篇幅。这并不特别令人惊讶，因为 ISO 23592：2021 标准力求简明扼要。当然，用户的愿望正好相反，他们期望尽可能获得优质服务测评具体措施和方法的详细信息。

这促使我们编写了另外一项标准，即 ISO/TS 23686《优质服务：测评优质服务绩效》。它为各公司提供了一个更具体的行动计划，用于测评优质服务，或者更准确地说，测评优质服务的绩效。在简短的介绍之后，该标准首先定义了关键词，随后描述了优质服务绩效测评的指导原则。优质服务真实绩效的测评或者说测评系统主要基于 OKR 方法。OKR 代表"目标和关键成果（objectives and key results）"，是一种目前流行的将战略分解为可操作目标和可衡量结果的方法（Doerr，2018）。因此，这种方法适用于将优质服务战略具体转化为可衡量的目标、活动和结果。之后，该技术规范的四个章节分别介绍了优质服务模型中每个维度的测量方法，重点介绍了所使用的指标和应用的方法。该标准很可能在 2022 年秋季发布。[①]

1.3　优质服务实施

假设一家公司或其高层管理人员已经决定使公司（或公司的一部分）与优质服务理念保持一致，在这种情况下出现的特定挑战是如何在公司中建立优质服务。在这里，我们不是在谈论引入一个或多个单独的措施，而是在谈论引入优质服务作为一套整体和可持续的方法（Asif & Gouthier，2015；Börnsen & Gouthier，2019）。因此，除了遵循原则和实现优质服务模型的四个维度及其九个要素外，还必须考虑应采取哪些步骤来永久实施这一概念。一般来说，有 70% ~ 75% 的公司转型计划失败（Blanchard，2010；McKinsey，2020）。因此，必须制定并实施一个变革管理或转型概念作为伴随措施。例如，科特（Kotter，2012）提出的变革管理模型，由以下非常有用的八个步骤组成：

（1）在组织内部，对建立优质服务树立起一种紧迫感和重要性。

（2）为了实施优质服务，必须建立一个从头到尾伴随并支持这一过程的管理联盟。

（3）此外，还必须制定一个有吸引力的优质服务愿景、使命和战略，推动公司朝着期望的方向发展。

（4）为了确保所有员工都参与进来，必须将变革的愿景传达给他们。

（5）为了支持这一点，员工需要在广泛的基础上获得授权以实现优质服务。

（6）需要快速取得成功来避免让员工失望，并巩固优质服务的方法。

（7）为了确保优质服务的建立不会随时间变化逐渐消失，必须成功巩

---

① 译者注：该标准已于 2022 年 10 月发布，即 ISO/TS 23686：2022 Service excellence：Measuring service excellence performance。我国正在对其进行采标。

固并进一步在优质服务的方向上发起变革。

（8）最后，新的优质服务方法必须深深扎根于组织文化中。

根据库尔特·勒温（Kurt Lewin）的说法，这八个步骤可以归因于基本变革过程的三个阶段。第 1 步～第 4 步属于"解冻"阶段，第 5 步～第 7 步属于"改变"阶段，第 8 步属于"锚定"阶段。

一项如何实施优质服务的标准正在计划中，该标准将由 ISO/TC 312 的工作组制定。然而，在撰写本书时，尚无法获得有关此事的更多详细信息。

1.4　优质服务资格

虽然不总是如此，但高品质的服务往往具有一个共同特点，那就是顾客与员工之间具有令人愉快的互动。虽然高水平的业务能力有时也能使顾客愉悦，但在多数情况下，员工的社交技巧和全心参与才能展现五星级服务的特点让顾客愉悦。正如由马蒂亚斯·古泰尔教授和马蒂亚斯·拉奎特在文章《员工敬业度需要动机和资质：使用混合式学习来实现优质服务》中所描述的，为了在一天结束时让顾客满意，需要具备各种技能和特质。这些基本的前提条件包括正确的顾客心态和态度；此外，还必须准确地了解顾客以及他们的需求、愿望、问题等；进一步地，正确处理临界状况也是所需行动中的一部分；另外，员工应该知道如何在互动中提供个性化服务；最后，员工应该有为顾客制造惊喜的"哇！"时刻的想法。

然而，目前还没有针对优质服务互动能力框架的通用标准。因此，ISO/TC 312 的一个目标可能是未来要开发一个合适的能力框架，该框架涉及员工所需的非技术技能。

1.5　内部优质服务

最终提供给顾客的服务等同于一个公司内部所实施的各种投入、活动和流程的总和。如果一个公司想要提高其在市场上的整体表现，就有必要对公司的内部结构进行优化。为了系统地实现优质服务，公司内部流程应当以最优的方式运行，并从内部顾客—供应商关系的角度来理解。这个任务是内部优质服务的核心（Hays，1996）。这种做法可以帮助公司测评和提升作为内部服务提供者的绩效，从而使其达到更高的水平。尽管很多公司已经通过调整目标来为顾客创造惊喜，但很大一部分服务活动是由公司内部单位来执行的，这些单位也必须将优质服务的理念内在化。

因此，对于公司来说，核心的问题是如何系统地提升内部各部门的服务质量，从而在内部提供高品质的服务。一种方法是使用成熟度模型。这里的成熟度模型旨在实现内部优质服务的可衡量性。此外，还需要将部门的当前状况划分为特定的成熟度等级，如果将内部优质服务的内容维度和成熟度等级相结合，就可以得到内部优质服务的成熟度模型。

这个挑战可以在 ISO/TC 312 技术委员会的一个工作组中处理，并可以开发一个相应的标准或技术规范。

1.6 数字化优质服务

这是优质服务领域中最令人兴奋但也最具挑战性的领域之一。数字化是公司提供优质服务最重要的发展和挑战之一，这一点是无可争议的。然而，悬而未决的问题是"数字化优质服务"的含义，它所包含的内容或元素以及如何映射。原则上，这里提到的是 ISO/IEC 20000 系列标准，该标准正在由 ISO/IEC JTC 1/SC 40 "IT 服务管理和 IT 治理"进行开发或完善，特别是 ISO/IEC JTC 1/SC 40/WG 2 工作组具体负责。ISO/IEC 20000 代表了IT 服务管理（ITSM）的国际公认标准系列，该标准宣称不仅是 ITSM，整个服务管理系统（SMS）都被描述。在这种情况下，ISO/IEC 20000 Part 1：2018——"服务管理系统要求"包含了组织必须建立、实施、维护和持续改进以获得认证的服务管理系统要求。相比之下，ISO/IEC 20000 Part 2：2019——"服务管理系统应用指南"基于 ISO/IEC 20000 - 1：2018 提供了服务管理系统应用的指南。该文件提供了示例和建议，使组织能够正确解释和应用 ISO/IEC 20000 - 1：2018，包括参考 ISO/IEC 20000 的其他部分和不同的相关标准。

IT 服务管理和优质服务这两个领域是否能继续共同发展还有待观察。初步的尝试看起来很有希望，ISO/TC 312 "优质服务"和 ISO/IEC JTC 1/SC 40 "IT 服务管理和 IT 治理"之间已经有了持续的交流。

1.7 特定行业优质服务的差异化

在 2010 年以前,"优质服务"这一术语已经存在。然而,对于优质服务的含义没有一个统一的认识,对于优质服务的含义以及优质服务方法包含哪些要素也没有统一的概念,存在的只是各个企业或多或少向公众宣传的特定概念。直到 DIN SPEC 77224:2011(本书作者发起并协调制定)出现以后,才产生了描述统一优质服务模型的第一个标准。根据参与制定 DIN SPEC 77224:2011 的国际企业的要求,这个模型被转化为欧洲标准,即 CEN/TS 16880:2015。这个规范进而又成为制定当前 ISO 标准 23592:2021 的基础。

虽然这种所谓的横向标准的优势在于为各类组织提供了一个普遍适用的优质服务模式,但这也是它的一个弱点。通用的优质服务模式不能反映各个行业或部门的特性,如联络中心(Dharamdass & Fernando,2018)、设施管理、金融服务(Al – Marri et al.,2007;Dobni,2002;Kim & Kleiner,1996)、零售(Padma & Wagenseil,2018)、工业服务或公共服务(Hunt & Ivergård,2015)。然而,可以采取的措施是将通用优质服务模式适用于某个行业或体现部门特性。例如,在 ISO/TC 312 的技术委员会目前的讨论中,这一点也很明显:其正在讨论并支持成立一个新工作组,将优质服务模式应用于公共部门。

未来肯定会有更多这样的分支标准/规范。例如在 2016/2017 年,德意志银行在制定 DIN SPEC 77231:2017 方面发挥了主导作用,该标准描述了"分行实施优质服务的流程和能力框架"的要求。在上述背景下,完全可以想象未来将会在国际层面制定更多特定标准,如工业公司的工业优质服务标准等。

2. 结论

如今,优质服务的进一步发展远未结束。在可预见的未来,它也不会结束,因为无论是顾客要求、竞争发展还是技术发展等方面都将有永久性的新发展，这里只列举了其中几个，它们将为未来的优质服务定义新的要求。因此，优质服务这一主题未来将如何继续发展，仍然令人充满期待。

参 考 文 献

［1］Al – Marri, K., Ahmed, A. M. B. A. and Zairi, M. (2007). Excellence in service: An empirical study of the UAE banking sector, International Journal of Quality & Reliability Management, 24 (2), pp. 164 – 176.

［2］Asif, M. and Gouthier, M. H. J. (2015). Developing a self-diagnostic framework for assessing service excellence, International Journal of Services and Operations Management, 20 (4), pp. 441 – 460.

［3］Blanchard, K. (2010). Mastering the art of change, Training Journal, January, pp. 44 – 47.

［4］Börnsen, S. and Gouthier, M. H. J. (2019). TeamBank uses DIN SPEC 77224 for the continuous development of service excellence to delight customers permanently, Case study TeamBank AG.

［5］CEN/TS 16880: 2015 (2015). Service excellence: Creating outstanding customer experiences through service excellence, Brussels.

［6］Dharamdass, S. and Fernando, Y. (2018). Contact centre service excellence: A proposed conceptual framework, International Journal of Services and Operations Management, 29 (1), pp. 18 – 41.

［7］DIN SPEC 77224: 2011 (2011). Achieving customer delight through service excellence, Berlin.

［8］DIN SPEC 77231: 2017 (2017). Process and competence framework for the delivery of excellent service in branch banking, Berlin.

［9］Dobni, B. (2002). A model for implementing service excellence in the financial services industry, Journal of Financial Services Marketing, 7 (1), pp. 42 – 53.

［10］Doerr, J. (2018). Measure what matters: How Google, Bono, and the Gates Foundation rock the world with OKRs, New York.

［11］Hays, R. D. (1996). The strategic power of internal service excellence, Business Horizons, 39 (4), pp. 15 – 20.

［12］ Hunt, B. andIvergård, T. （2015）.Designing service excellence. People and technology, Boca Raton.

［13］ ISO 23592：2021 （2021）.Service excellence：Principles and model, Geneva.

［14］ ISO/IEC 20000 – 1：2018 （2018）.Information technology：Service management—Part 1：Service management system requirements, Geneva.

［15］ ISO/IEC 20000 – 2：2019 （2019）.Information technology：Service management—Part 2：Guidance on the application of service management systems.

［16］ ISO/TS 23686：2022 （2022）.Service excellence：Measuring service excellence performance, Geneva.

［17］ Kim, S. and Kleiner, B. H. （1996）.Service excellence in the banking industry, Managing Service Quality, 6 （1）, pp. 22 – 27.

［18］ Kotter, J. P. （2012）.Leading Change, Boston.

［19］ McKinsey （2020）.The changeable organization, McKinsey Quarterly Five Fifty, Feb. 25, 2020, https：//www. mckinsey. com/business-functions/transformation/our-insights/five-fifty-the-changeable-organization, accessed 09/05/2021.

［20］ Padma, P. and Wagenseil, U. （2018）.Retail service excellence：Antecedents and consequences, International Journal of Retail & Distribution Management, 46 （5）, pp. 422 – 441.

作者简介

费里·阿波尔哈桑博士（Dr. Ferri Abolhassan）

费里·阿波尔哈桑博士拥有计算机科学博士学位，是许多专业书籍的编辑。在西门子、IBM、IDS Scheer 和 SAP 任职后，他于2008 年加入德国电信公司。他曾领导 T - Systems 的生产部门和 IT 部门。2016 年，他成为德国电信有限公司管理委员会成员，目前担任其服务业务部门的负责人，该部门拥有约 30,000 名员工。自 2021 年 5 月以来，他还负责德国电信的私人顾客销售公司，其中包括电信商店。

比约恩·贝克尔博士（Dr. Björn Becker）

比约恩·贝克尔博士负责为汉莎集团航空公司的洲际航班推出新产品，以及在新冠疫情危机的重新启动阶段解决所有与顾客相关的问题。

直到 2020 年，他一直负责汉莎航空、瑞士航空和奥地利航空的地面产品和数字服务，包括办理登机手续和行李投递、休息室、高级服务、登机和上下机服务，以及数字渠道（应用程序、网站等）的服务。贝克尔博士在航空业的不同领域有超过 20 年的经验，拥有收益管理博士学位，并在期刊和学术会议上发表了大量论文。

萨宾·博恩森（Sabine Börnsen）

萨宾·博恩森自 2012 年以来在 Team-Bank AG 担任过多个管理职务。目前，她负责两个重要的数字化项目。

她在德国和英国学习商业管理，2006 年在英国获得商业与管理荣誉学士学位，2008 年在商学院获得商业管理荣誉硕士学位。之后，她作为 E. ON 集团管理咨询团队的项目经理，负责整个欧洲的工作。

随后，她加入 TeamBank AG，担任组织、流程与质量管理部门的负责人，负责公司的优质服务审计与认证工作。

菲利普·D. 克拉朗瓦尔（Philippe D. Clarinval）

菲利普·D. 克拉朗瓦尔是一位酒店经营者，在其所接管的圣莫里茨卡尔顿酒店担任总经理之前，曾管理过全球许多享有盛誉的豪华酒店。他独特的领导方法之所以取得成功，是因为他相信人才和目标引领战略走向成功。他正在利物浦大学攻读博士学位。他曾参加牛津大学、哈佛大学和麻省理工学院几个高层管理人员培训项目。他是欧洲酒店经理人协会成员，康奈尔酒店协会 AlpAdria & Eastern Europe 分会前任主席，还是首席执行官和高层管理人员的热心导师和教练。

斯文娅·丹尼尔（Svenja Daniel）

斯文娅·丹尼尔在学习经济学后，在 Brenntag SE 开始了她的职业生涯。她的硕士论文主题是 B2B 环境中的顾客体验，之后她从 2018 年开始负责 EMEA 地区优质服务的推广。2021 年 6 月，她接任了公司的全球优质服务项目经理一职，管理全球业务。

Brenntag SE 是全球领先的化学品及原料供应商，在化工行业的顾客和供应商之间扮演着关键角色。

马蒂亚斯·古泰尔教授（Prof. Dr. Matthias Gouthier）

马蒂亚斯·古泰尔教授担任营销和电子服务主席，是计算机科学系管理研究所所长，也是科布伦茨—兰道大学优质服务中心（CSE）主任。古泰尔教授发起了 DIN SPEC 77224，这是世界上第一个关于优质服务的官方标准。在此之后，他接管了欧洲委员会的领导权①，该委员会将德国标准转化为欧洲标准（CEN/TS 16880）。自 2018 年 3 月以来，他一直担任 ISO/TC 312 "优质服务" 主席，该委员会制定了 ISO 23592：2021《优质服务　原则与模型》等国际标准。为了持续和更广泛地将优质服务主题付诸实

践，他组织了十年的优质服务系列会议 EXIS，这是一个交流平台，致力于每年更换与优质服务相关的主题。作为一名炙手可热的专家，他在许多

---

① 译者注：此处委员会指的是欧洲标准化委员会下设的一个优质服务系统的 TC，即 CEN/TC420 Service Excellence Systems。该机构于 2012 年 10 月成立，致力于通过建立标准和指南，提供有关优质服务系统的方法、过程和框架，以帮助组织提供优质的服务体验和提高顾客满意度。

知名大学和协会、政府部门、管理咨询机构以及各行各业的公司发表演讲。作为一名管理顾问，他曾陪伴众多公司走向优质服务之路。他于2017年与他人共同创立了 one service AG 公司。作为学术总监，他与他人共同负责优质服务学院。

恩里科·延施（Enrico Jensch）

具有服务远见的恩里科·延施是 Helios Health 的首席运营官，负责国际业务。他也是 Helios 德国的首席运营官，并自 2019 年 7 月起担任 Helios "门诊护理" 和 "新业务模式" 两个部门的总经理，这两个部门于 2018 年成立。延施之前在 Helios 担任国际业务总经理，并在 2018 年之前担任中北地区的区域总经理。2007～2010 年，他管理着海利斯巴德萨尔佐医院（Helios Hospital Bad Saarow）；2011 年，他管理着什未林医院（Hespital Schwerin）。自 2020 年起，他与卡斯腾·K. 拉特（Carsten K. Rath）共同在 Helios 医院推行 "六位厨师，十二颗星" 项目。

朱莉安娜·克宁格（Juliane Köninger）

朱莉安娜·克宁格在德国纽伦堡工业大学学习国际商务，并在马来西亚科技大学留学一个学期。随后，她完成了霍恩海姆大学的管理和市场营销硕士学位。除了学习，她还在西门子股份公司国际顾客培训部和梅赛德斯—奔驰股份公司营销传播部工作。自 2018 年 7 月以来，她一直在梅赛德斯—奔驰出行服务股份公司顾客体验管理部门工

作。此外，她还是科布伦茨—兰道大学营销与电子服务系客座博士生。

迈克尔·莫里茨（Michael Moritz）

迈克尔·莫里茨是 WISAG Facility Service Holding GmbH 的总经理，该公司是德国领先的房地产服务提供商之一。这位工程学学士在 1994 年加入 WISAG，担任项目经理，此前他在德国空军服役了十二年。两年后，他被任命为一家区域公司的管理层成员，随后多年来管理着 WISAG Facility Management Holding 的业务。自 2001 年以来，他负责 WISAG Facility Service Holding。

克里斯蒂安·波伦茨（Christian Polenz）

克里斯蒂安·波伦茨自 2010 年起担任 TeamBank AG 管理委员会成员。作为 TeamBank 的副首席执行官（CEO）和首席客户官（CCO），他负责所有与顾客有关的事宜，特别是顾客对话中心、顾客银行以及市场营销。除此之外，他还负责所有与数据、IT 和产品相关的问题。除了银行方面的培训外，波伦茨还完成了非全日制的学业。之后，他在德意志银行股份公司和巴伐利亚州立银行等机构工作过。在 TeamBank AG，他开始担任各种管理职务，并于 2006 年被任命为总代表。

马蒂亚斯·拉奎特（Matthias Raquet）

自 2017 年以来，马蒂亚斯·拉奎特一直是 oneservice AG 的首席执行官和联合创始人。他还担任 oneservice AG 董事会副主席。马蒂亚斯·拉奎特曾在生物技术行业担任过各种管理职位，任职时间超过 30 年。最近，他担任 QIAGEN 全球服务解决方案和全球顾客管理副总裁，负责全球服务。

克里斯托弗·J. 拉斯汀（Christopher J. Rastin）

克里斯托弗·J. 拉斯汀于 1979 年出生于加拿大查塔姆。1998~2002 年，他在渥太华大学学习犯罪学和心理学，随后在咨询心理学研究生院学习。2001~2013 年，他为加拿大惩教服务局开展了研究和评估项目，重点关注罪犯治疗规划和罪犯分析。他还通过第一民族警务计划，对加拿大皇家骑警为土著居民提供的文化适宜的警务服务进行了研究。2013 年，他从蒙特利尔搬到杜塞尔多夫，并于 2018 年加入 E. ON SE。他领导全球研究与洞察团队，负责 NPS 和品

牌研究。克里斯托弗在 E. ON 为 NPS 项目推动了基于数据/证据的决策。

卡斯腾·K. 拉特（Carsten K. Rath）

企业家卡斯腾·K. 拉特是"德国第一服务专家"（n-tv）。他坚持优质服务不妥协的原则，一切都是为了顾客满意。作为一名伟大的酒店经营者，卡斯腾·K. 拉斯开设了传奇的豪华酒店。如今，他作为演讲者、顾问和教练为各行各业的公司进入数字未来提供支持，因为这是服务的一部分。卡斯腾·K. 拉特热衷于将自己的经验和知识传授给下一代。他目前担任多所国际大学和学院的营销和优质服务讲师。拉特还是科布伦茨—兰道大学优质服务中心的首席运营官。德国《商报》称他为"国际服务权威"。

克里斯蒂娜·罗迪格博士（Dr. Kristina Rodig）

克里斯蒂娜·罗迪格博士于 1963 年出生于奥拉宁堡。自 2016 年以来，她担任位于埃森的 E. ON SE 全球洞察和顾客体验管理主管。在波茨坦、斯摩棱斯克和柏林完成学业后，她获得了俄罗斯文学博士学位和商业营销硕士学位，并在能源行业担任过多个职位。她曾担任新闻官、大顾客经理以及不同的高级营销和客户服务职位。她为德国 E. ON 建立了第一个顾客洞察部门，并在塑造 E. ON 的 NPS 计划中发挥了关键作用。她的专业领域包括顾客忠诚度策略、投诉管理、顾客体验管理以及市场研究和分析。